ÉPISODES

DE LA GUERRE DE CRIMÉE

A LA MÊME LIBRAIRIE :

LE SIÉGE DE SÉBASTOPOL. in-12. fig.

SOUVENIRS DE L'ARMÉE D'ORIENT. in-12. fig.

LES SŒURS DE CHARITÉ EN ORIENT. in-12. fig.

LES VERTUS MILITAIRES. in-12. fig.

CONSTANTINOPLE, avec *vue* et *plan* de cette ville. in-8°.

JÉRUSALEM. in-12. fig.

L'ALGÉRIE CHRÉTIENNE. in-8°.

VOYAGE A HIPPONE. in-12.

LA SICILE, par M. l'abbé V. Postel. in-8°. fig.

NAPLES. in-8°. fig.

SOUVENIRS D'ITALIE. in-12. fig.

LA PIEUSE PÈLERINE. in-12. fig.

MISSIONS D'AMÉRIQUE, D'OCÉANIE ET D'AFRIQUE. in-12.

MISSIONS DU LEVANT, D'ASIE ET DE LA CHINE. in-12.

VOYAGE AUX PYRÉNÉES. in-8°.

RETOUR DES PYRÉNÉES. in-8°.

SOUVENIRS DE VOYAGE, ou Lettres d'une Voyageuse malade,
par Mme la comtesse de L***. 2e édit. 2 vol. in-8°.

—◦◦◦◦—

Episodes de la guerre d'orient

Sœur Bernardine nous avait offert de nous accompagner dans les rues de Pera.

ÉPISODES

DE LA

GUERRE DE CRIMÉE

OU

LES HOPITAUX

DE KOULALI ET DE SCUTARI

D'après l'ouvrage anglais : *Eastern hospitals and English nurses.*.

PAR M. F. CHON

LILLE

L. LEFORT, IMPRIMEUR-LIBRAIRE

MDCCCLX

Droit de traduction réservé.

LES HOPITAUX D'ORIENT

Il est un terrain sur lequel se rencontrent
volontiers toutes les opinions, toutes les
croyances, tous les cœurs : c'est celui de la
charité. Par ce mot, j'entends non la phi-
lanthropie administrative et froide pour qui
le soulagement de l'humanité est un bon
calcul et, si l'on peut ainsi parler, une
soupape de sûreté contre les commotions
sociales, mais j'entends l'amour véritable et

sincère du prochain enté sur l'amour de
Dieu d'où il découle, la charité telle que
le christianisme l'a comprise et pratiquée. Ce
sentiment, cette vertu toute puissante qui
soulève les montagnes et qui, comme la valeur
militaire, grandit et s'anime devant les obs-
tacles, semble être surtout le partage des
femmes : en vain, nous autres législateurs,
avons-nous enlevé au sexe le plus faible les
prééminences sociales, il a gardé une chose par
laquelle il nous domine, le droit à l'abnégation, au dévouement, au sacrifice, et nous
avons beau faire ou dire, nous sommes, sous ce
rapport, vis-à-vis de la femme, dans un état
humiliant d'infériorité. C'est que l'homme vit
surtout par l'esprit ; elle, au contraire, vit
toujours par le cœur, et c'est dans le cœur que
fleurit la charité.

Lorsque la France et l'Angleterre étaient

engagées contre la Russie dans la terrible lutte qui s'est terminée si glorieusement pour nos armes ; pendant ce siége de Sébastopol qui sera l'admiration de l'histoire, nous n'avons pas oublié avec quelle fiévreuse impatience étaient attendus en Europe les bulletins des armées alliées ; mais quelle différence dans l'effet produit, à la réception de ces bulletins , sur les hommes et sur les femmes ! Les premiers y cherchaient d'abord les résultats obtenus, les positions conquises, les progrès réalisés ; le regret des pertes se mesurait ordinairement à l'importance du succès ou au désappointement du revers ; l'intérêt politique, la vanité nationale, l'exaltation patriotique étouffaient ou du moins neutralisaient les préoccupations douloureuses. Croyons-nous que les femmes éprouvaient les mêmes émotions ? Ah ! certes , elles étaient

sensibles aux victoires de nos soldats ! qui
pourrait en douter ? Mais ce qui les touchait
avant tout, c'était le chiffre des morts et des
mourants ; c'était cette liste funèbre qui
remplissait les journaux britanniques, et
qui, à côté des noms, montrait ces
tristes mots : *tué*, *blessé*, *non retrouvé*,
absent ; c'était l'affreux tableau des fléaux
épidémiques abattant par milliers ceux
que la guerre épargnait. Qui dira les
angoisses des épouses, des mères et des
sœurs ?

« Le premier moment de joie était à peine
» passé, à la nouvelle de la bataille de
» l'Alma, que les listes des morts et des
» blessés arrivèrent, et alors les réalités de
» la guerre pénétrèrent presque dans chaque
» famille anglaise. Le bureau de la *Gazette*,
» à Londres, fut rempli, le 8 octobre 1854,

» d'une foule de gens pâles d'anxiété, qui
» saisissaient d'une main tremblante le fatal
» imprimé; l'absence ou la présence de
» noms connus dans la colonne funèbre disait
» tout sans qu'il fût besoin d'autres phrases.
» La liste officielle annonçait que nous avions
» perdu 260 officiers, 327 officiers non com-
» missionnés et soldats tués dans l'action, et
» que 73 officiers, 1,557 officiers non com-
» missionnés et soldats avaient été blessés.
» Le bureau du télégraphe était assailli de
» personnes pressées de communiquer à leurs
» amis habitant loin de Londres la bonne
» nouvelle que tel nom chéri ne se trou-
» vait pas sur la liste. Tous ceux qui avaient
» des lettres se hâtaient d'en faire part à
» ceux qui n'en avaient pas reçu. Un lien
» de commune sympathie sembla rappro-
» cher toutes les parties du pays, et l'An-

» gleterre fut comme une seule grande fa-
» mille. »

(Eastern hospitals... ch. I.)

La terreur et la pitié s'accrurent encore lorsqu'on apprit les détails des souffrances des blessés et des malades dans les hôpitaux de l'Orient ; lorsqu'on sut, par exemple, qu'à Scutari, pour 2,500 patients, il n'y avait que dix officiers du service médical. Alors il se fit une véritable explosion de charité ; une femme dont la renommée est aujourd'hui européenne, miss Nightingale, donna le signal et se mit à l'œuvre.

« De tous côtés on réclamait des gardes-
» malades (*nurses*)... Pourquoi, disait-on,
» les soldats anglais étaient-ils privés des
» secours dont jouissaient les soldats français ?
» Dès la première apparition de l'épidémie
» à Varna, les Français avaient demandé des

» *sœurs de Charité*, et aussitôt l'appel avait
» été entendu, et elles étaient accourues par
» bandes de vingt-cinq, là où l'on avait besoin
» d'elles. Pourquoi n'existe-t-il pas en Angle-
» terre de pareilles infirmières? Certainement
» il y a des femmes en Angleterre comme en
» France qui consentiraient à partir et à soi-
» gner les soldats malades et blessés.... »

(Eastern hospitals.... ch. I.)

Non, les femmes et les nobles cœurs ne
manquaient pas en Angleterre; mais c'est ici
que se manifeste la supériorité de la com-
munion catholique. La religion catholique
seule est capable de créer et de maintenir ces
associations hospitalières permanentes, qui
ne naissent pas d'une surexcitation passagère
et qui ont leurs racines dans les profondeurs
mystérieuses de la foi. Miss Nightingale a
planté vainement dans un sol aride; quelques

bourgeons ont paru et se sont bientôt des-
séchés sur leur tige fragile , tandis que s'élève
majestueux et fort l'arbre si vieux et si vivace
de la charité catholique !

Non , ce ne sont pas les femmes qui
manquent en Angleterre. Il manque une chose
qu'elle possédait avant le XVIe siècle : cette
chose qui fait germer les vierges ; cette chose
qui sera, j'ose le dire franchement , l'éternel
regret des brebis sorties du bercail , quand
luira la vérité sans nuages , j'entends l'union
intime avec le Christ dans l'Eucharistie et
l'action fertilisante de l'Eglise légitime.

Et puis , la société anglaise est-elle bien
préparée pour ces belles fondations qui sont
l'idéal de l'égalité et de l'humanité? On sait
combien sont tranchées chez nos voisins les
différences de rangs et de classes ; l'esprit
d'aristocratie domine, non pas seulement dans

la noblesse, mais jusqu'au dernier degré de l'échelle sociale ; la vanité des distinctions se remarque même dans les professions les plus infimes. Eh bien, ce préjugé invincible de la nature anglaise, elle le porte partout. Comment persuaderez-vous à la fille d'un *lord*, d'un *squire* ou d'un simple *gentleman*, de vivre sur le pied d'égalité parfaite avec la fille d'un artisan, d'un *workman* ou d'un *operative ?* Cette confusion, si facilement acceptée dans notre société française, si souvent réalisée dans nos communautés religieuses, serait là-bas une inconvenance, un *shocking* insupportable. Nous admirerons tout à l'heure bien sincèrement l'héroïsme des femmes qui se sont sacrifiées pour servir les pauvres soldats dans les hôpitaux de l'Orient ; mais nous serons étonnés de rencontrer, dans ces œuvres de miséricorde, le préjugé de caste qui

n'abandonne jamais les fils ou les filles d'Al-
bion. Ainsi , dans les troupes charitables
enrôlées par miss Nightingale , il y a les *ladies* ,
les dames volontaires et les simples *nurses*
ou gardes : pas de confusion possible. Quel
contraste avec nos filles de Charité , où la
femme issue des plus hautes familles , courbée
sous le niveau de l'humilité , dispute à celle
qui est sortie des rangs du peuple l'honneur
des plus répugnantes fonctions !

C'est l'honneur de la France catholique
d'avoir suscité l'émulation de l'Angleterre.
Trop souvent on a dit que nous n'enseignions
plus aux autres nations que les choses futiles ,
que nous ne donnions plus au monde civilisé
que des modistes, des danseurs et des cuisi-
niers ; mais voici qu'en de graves circons-
tances nous avons montré le fond de notre
généreux caractère ; nous avons été un exem-

ple pour les autres peuples, et tous se sont
émerveillés des ressources de grandeur et de
dévouement que renfermait cette France si
capricieuse et si frivole. Certes, en revendi-
quant pour mon pays l'avantage incontestable
du premier élan, je ne veux diminuer en rien
le mérite de ceux qui l'on suivi : imitation
ou initiative, la charité est toujours une
sublime vertu ; je sais l'admirer partout
où je la rencontre. C'est pourquoi j'ai lu
avec tant d'intérêt et de plaisir profond le
livre qui a été récemment publié en Angleterre par une des pieuses dames enrôlées dans
la milice charitable de miss Nightingale. Il
est intitulé : *Les Hôpitaux de l'Orient et les
Infirmières anglaises; relation de douze mois
de travaux dans les hôpitaux de Koulali
et de Scutari, par une dame volontaire.*
(*Eastern hospitals and English nurses ; the*

narrative of twelve months' experience in the hospitals of Koulali and Scutari, by a lady volunteer.) L'auteur l'a édité « à l'armée » britannique, à ceux qui ont déployé leur » héroïsme non-seulement sur le champ de » bataille, mais aussi en endurant patiemment » les souffrances, les privations et l'abandon » dans les murs des hôpitaux de l'Orient. »

Il est impossible de parcourir sans émotion ces pages douloureuses où sont dépeintes si fidèlement les misères qui ont pesé pendant longtemps sur une vaillante armée, soit par la négligence, soit par l'insuffisance d'une administration prise au dépourvu. Mais au milieu de ces scènes terribles et poignantes, on respire je ne sais quel parfum de douceur et de sensibilité qui fait du bien ; toute l'âme d'une femme tendre et compatissante est comme répandue dans ce funèbre tableau ;

elle en adoucit les teintes sombres, elle en
embellit les plus horribles perspectives ; en un
mot, l'esprit chrétien circule à travers ces
douleurs et ces désolations ; l'odeur de cadavre
et de mort, qui s'exhale nécessairement d'un
tel récit, est neutralisée par les senteurs de
la charité. Et puis, ce que j'aime dans la
femme qui écrit ce livre, c'est la tolérance
affectueuse, c'est l'absence de tout préjugé de
secte, c'est l'oubli des différences d'opinion
ou de nationalité. Aussi combien la justice
rendue par elle, anglaise et protestante, à
nos sœurs de Saint-Vincent de Paul, a de
prix et de vérité ! quelle chaleur et quelle
impartialité dans les chapitres qu'elle leur
consacre ! En les jugeant par le côté surhu-
main de leur mission, elle les comprend,
parce qu'elle-même a fondé son dévouement
sur une base divine et sur cette promesse qui

2

ne ment pas « *Tout ce que vous avez fait*
» *pour le moindre des miens, vous l'aurez*
» *fait pour moi!* »

Le personnel des gardes-malades envoyées
en Orient par l'Angleterre présentait une
singulière variété : on y voyait des *dames*
volontaires, des sœurs de l'ordre de la Merci,
des femmes engagées pour un salaire con-
venu, des servantes d'hôpital ; les soldats
auxquels leurs soins étaient destinés appartenant à différents cultes, tout acte de prosély-
tisme était strictement défendu ; et cet article
fut toujours observé.

L'escouade hospitalière dont l'auteur du
livre faisait partie s'embarqua au mois de décembre 1854 à Folkeston pour Boulogne.
« C'était, dit-elle, une belle matinée pour la
» saison, et les côtes blanches de la vieille
» Angleterre apparaissaient brillantes de la

» lumière matinale pour recevoir nos regards

» d'adieu. »

A Boulogne, les femmes des pêcheurs, les voyant débarquer et apprenant quelle était leur mission, insistèrent pour porter les bagages gratis jusqu'à l'hôtel des bains, où le propriétaire de l'établissement fit servir à toute la troupe un somptueux repas, pour lequel il ne voulut accepter aucune rémunération ; et cette libéralité fut réitérée pour chaque escouade de gardes-malades destinées à l'armée d'Orient.

Nous accompagnerons notre charitable voyageuse dans son rapide voyage jusqu'aux lieux où son service devait commencer : c'est une observatrice très-fine et très-spirituelle ; non-seulement elle raconte avec beaucoup d'onction et de sentiment les scènes pénibles auxquelles elle est obligée d'assister, mais elle décrit avec charme, avec agrément, la nature, les choses et les hommes. Autant qu'il m'est possible d'apprécier le mérite de son style dans une langue qui n'est pas le mienne, il me semble que l'excellente femme est en même temps un habile écrivain.

Après avoir traversé, sans s'y arrêter, Paris, Lyon, Valence, Avignon et Marseille, elle s'embarque avec ses compagnes dans cette dernière ville le 7 décembre 1854, sur le bateau-poste français *l'Egyptus* ; il transportait en Crimée deux ou trois cents soldats et officiers français, de sorte que le bâtiment était encombré. Les gardes-malades se montrèrent d'abord assez peu satisfaites du logement qui leur était réservé dans la cabine de l'avant. Le sœurs de la Merci, auxquelles on offrit une partie des chambres de

première classe, refusèrent de se séparer des autres; le *dames (ladies)* furent toutes se loger dans les cabines (salon). L'effet produit sur l'auteur par la vue de nos soldats n'est pas flatteur pour eux : « Les soldats français,
» dit-elle, dormaient tous sur le tillac, ils
» avaient l'habitude de se coucher à l'heure
» du crépuscule ; après le dîner on aimait à
» se promener sur le pont, et l'on ne pouvait
» faire cinq pas (*yards*) sans heurter un
» Français enveloppé dans sa capote grise;
» ils ne paraissaient pas s'en inquiéter ni
» même s'éveiller. Ces soldats français étaient
» un assortiment de pauvres diables, d'un
» aspect misérable (*miserable looking set of*
» *boys*). »

Les premiers jours de navigation avaient été pénibles; mais vers le 11 décembre, le temps devint plus calme, et à Messine, on descendit à terre par une belle journée.

« L'hiver semblait s'être évanoui ; c'était
» comme un jour de l'été le plus agréable ,
» brillant, frais et doux. On voyait des bos-
» quets chargés d'oranges et de citrons ; la
» Méditerranée d'un bleu éclatant était pai-
» sible comme un lac ; les montagnes de la
» Calabre dans le lointain, la ville pittoresque
» de Messine, tel était le spectacle étalé sous
» nos yeux pendant que nos étions sur les
» degrés de l'église de San-Angelo.... » Les
dames n'ayant pu être admises dans l'intérieur du couvent des capucins, situé sur la
montagne au-dessus de l'église, les bons religieux donnèrent aux *gentlemen* qui rendirent
visite à leur jardin, de magnifiques oranges
pour *réconforter* (*comfort*) les voyageuses
obligées de rester à la porte.

Le 15 on arriva au Pirée, le 16 à Gallipoli; bientôt le navire enfila le détroit des Dardanelles. C'est à Gallipoli que, pour la première fois, nos *ladies* rencontrèrent des filles de Saint-Vincent de Paul.

« Pendant que nous étions à l'ancre, deux
» *sœurs de la Charité*, françaises, vinrent
» à bord; elles allaient à Constantinople.
» Plusieurs d'entre nous n'avaient jamais vu
» de *sœurs de la Charité*; nous apprîmes
» qu'elles appartenaient à l'ordre de Saint-
» Vincent de Paul, et qu'elles n'étaient liées
» que par des vœux annuels. Cet ordre a été
» fondé il y a deux cents ans, et elles portent
» l'habit des paysannes de cette époque, con-
» sistant en une robe de serge grise, avec une
» jaquette à larges manches, et un grand
» bonnet blanc, de paysanne, empesé, dont
» un roi de France, dit-on, inventa la forme
» en pliant sa serviette de cette manière. Le

» bâtiment était si encombré , qu'il n'y avait
» pas la moindre chambre pour les deux
» sœurs ; elles allaient être réduites à rester
» sur pied ; mais les sœurs de la Merci leur
» firent un chaleureux accueil et les invitèrent
» à partager leur petite cabine pour la nuit.
» Le lendemain matin , quelques-unes d'entre
» nous, qui savaient le français, désiraient
» vivement leur parler ; elles en furent em-
» pêchées par les officiers et les soldats qui se
» trouvaient à bord , et qui évidemment re-
» gardaient les sœurs comme leur propriété
» exclusive et les traitaient avec le plus affec-
» tueux respect. Dès qu'elles parurent sur le
» pont , elles furent entourées par leurs com-
» patriotes qui ne les quittèrent pas un mo-
» ment jusqu'à destination. »   (ch. ii.)

La mer de Marmara, le Bosphore de Thrace
et surtout la Corne d'or et Constantinople

inspirent à l'auteur d'heureuses descriptions,
mais bientôt commencent des désappointe-
ments de plusieurs genres. D'abord de la part
des infirmières salariées qui furent sans cesse
pour ces dames un sujet de plaintes. « Main-
» tenant les inconvénients du système d'égalité
» se faisaient déjà sentir. Les dames en avaient
» déjà souffert durant la traversée ; car n'ayant
» aucune autorité sur les gardes-malades payées,
» elles avaient dû entendre le plus déplorable
» langage et souvent même se soumettre aux
» plus grossières insolences. Dès la première
» soirée, ces femmes murmuraient en disant
» qu'elles étaient parties pour soigner les sol-
» dats, et non pour balayer, laver et faire la
» cuisine.

» Le lendemain matin, après le déjeu-
» ner, miss Stanley nous assembla toutes, et
» après avoir adressé des actions de grâces à

» Dieu pour l'issue favorable d'une traversée
» longue et orageuse, elle s'adressa aux gar-
» des-malades, nous répétant qu'elle ne sa-
» vait pas combien de jours nous resterions
» à Therapia ; mais que, dussions-nous
» attendre longtemps ou peu, elle avait la
» confiance que nous vivrions en paix et en
» bonne intelligence, nous servant les unes
» les autres par la *charité*, chacune de nous
» participant pour le mieux au travail de la
» maison, selon qu'elle nous le distribuerait.
» Elle nous rappela quel devoir important et
» sérieux nous avions à remplir, et... elle
» nous assigna à chacune notre tâche.

» Cette douce exhortation n'apaisa pas les
» mécontentements; on demandait un jour à
» une infirmière ce qu'elle ferait pour aider
» à l'ouvrage de la maison : Voudrait-elle
» laver? — Non. — Repasser? — Non. —

» Alors que ferait-elle? — Des cataplasmes,
» répondit-elle ; et comme pour le moment
» on n'avait pas besoin de cataplasmes, mis-
» tress *** se retira dans sa chambre et
» s'occupa, tant que nous demeurâmes à
» Therapia, de ses propres affaires. Un petit
» nombre seulement de ces femmes travail-
» lèrent vigoureusement et volontiers pour le
» bien commun. »

En effet, les gardes salariées furent la plaie
de cette belle entreprise ; il en fallut renvoyer plusieurs pour leur mauvaise conduite et
spécialement pour leurs habitudes d'ivrognerie ; on n'osait leur laisser sous la main l'eau-
de-vie destinée aux hôpitaux ; cette liqueur
était absorbée avant d'arriver au lit du malade.
Déplorables conséquences d'une organisation
qui ne reposait pas sur le seul fondement de
la charité religieuse.

Les réglements militaires, l'absence de communications officielles, peut-être aussi un peu de jalousie de l'administration médicale, rendirent pendant quelque temps inutile le dévouement des dames anglaises ; on les laissa dans le faubourg de Therapia, inactives et désolées, avant de les distribuer dans les hôpitaux de Scutari et de Koulali. Seulement pendant un mois on leur permit de laver le linge des malades et des matelots ; et les dames qui ne pouvaient se livrer à ce genre d'ouvrage eurent le loisir de visiter l'hospice naval, pour s'entretenir avec les patients et écrire leurs lettres. Le jour de Noël (*Christmas day*), ce jour si cher aux familles chrétiennes de l'Angleterre, elles le passèrent tristement sans cérémonie religieuse, sans aucune de ces réjouissances qui le signalent à chaque foyer domestique.

« Le jour de Noël, il n'y eut pas de *service*
» religieux; le chapelain était indisposé. On se
» contenta de lire les prières à la maison, et
» d'orner les chambres avec du gazon, de
» de chanter des cantiques (*carols*) de circons-
» tance, et l'on fit son possible pour se per-
» suader que c'était vraiment Noël. Les
» joyeux sons d'un *Christmas day* en Angle-
» terre résonnaient à nos oreilles, et il était
» pénible de penser que, sur toute l'étendue
» de ce beau pays, sauf de la part de quelques
» étrangers qui ne l'habitaient que momenta-
» nément, il n'y avait aucune manifestation
» de réjouissance en un jour de si grande
» joie. Aucune cloche ne sonnait la bien-
» venue au jour de la naissance du Roi des
» rois. »

(L'Eglise grecque célèbre la Nativité douze
jours plus tard.)

En attendant que l'autorité militaire eût décidé sur leur sort, nos dames faisaient quelques excursions dans le voisinage de The-rapia ; un jour leurs pas se dirigèrent vers le cimetière des marins anglais. Ce cimetière se trouvait au pied des collines, presque hors de vue. « C'était alors un endroit d'un aspect
» horrible ; l'herbe n'avait pas poussé sur les
» tombes, et la pluie en avait transformé la
» terre en une boue liquide et fangeuse. Pas
» une pierre pour dire qui reposait là, pas un
» signe qui indiquât que les hommes dont les
» restes étaient couchés là, y dormaient dans
» une espérance meilleure que les pauvres
» Turcs enterrés tout près d'eux ; pas de signe
» pour faire comprendre que ces braves, en-
» dormis dans la mort, avaient une place dans
» les cœurs de leurs compatriotes et qu'ils
» étaient tombés en servant leur pays.

» Environ à moitié chemin, sur le penchant
» de la colline, était le cimetière des marins
» français ; presque toutes les tombes étaient
» marquées par une petite croix de bois, sur
» laquelle étaient inscrits les noms de celui
» qu'on y avait enterré, du vaisseau auquel il
» appartenait, et la date du décès. Sans doute
» avec le temps, ce bois finira par s'abîmer
» dans la terre ; mais du moins on était heu-
» reux de voir cette pensée et ces soins pieux.
» Nous ne pouvions tolérer ce contraste entre
» les deux nations, et nous résolûmes d'élever
» un monument à la mémoire des matelots,
» des soldats et des marins qui se trouvaient
» enterrés dans le cimetière anglais. Il nous
» fallait d'abord demander la permission à
» l'amirauté, et par conséquent nous ne pou-
» vions espérer de réaliser notre dessein avant
» notre départ de Therapia. A l'unanimité

» nous décidâmes qu'une croix marquerait
» que ce cimetière servait à des chrétiens.
» Maintenant une croix s'élève dans le cime-
» tière naval anglais à Therapia. Nous avons
» appris depuis que ce monument a été mal
» exécuté, mal placé par le sculpteur ; mais
» néanmoins nous avons la confiance que les
» amis de ceux dont les corps reposent sous
» la terre étrangère ne dédaigneront pas notre
» offrande. L'inscription porte ces mots :

» *Cette pierre a été élevée par leurs con-*
» *citoyennes à la mémoire des matelots et*
» *soldats de marine enterrés ici* (avec les
» noms gravés et rangés en ordre). — Sur les
» bras de la croix sont inscrites les paroles
» suivantes : *Je suis la résurrection et la*
» *vie !... »*

Cependant les âmes charitables qui avaient
quitté leur patrie et leur famille pour se

dévouer au soulagement des malades, se mor-
fondaient inutiles, inoccupées, tandis qu'il y
avait tant à faire à Scutari, que les hôpitaux
s'encombraient et que le nombre des patients
était plus grand qu'à toute autre époque. Les
décès à Scutari avaient été de 165 en septembre ; de 256 en octobre ; de 388 en novembre ;
de 667 en décembre ; et ils avaient atteint
alors le terrible chiffre de 90 par jour ; en
janvier on avait compté 1473 morts. Il n'y
avait en ce moment que 40 infirmières dans
les deux hôpitaux ; et 47 femmes restaient à
Therapia sans être employées ! Enfin après
bien des jours d'anxiété, l'ordre arriva de les
distribuer entre les divers hôpitaux. Plusieurs
d'entre elles allèrent rejoindre miss Nightingale à Scutari. L'auteur dépeint ainsi ses impressions, lorsque pour la première fois elle
parcourut les salles.

« Deux jours après mon arrivée, miss
» Nightingale m'envoya chercher pour faire
» avec elle le tour de l'hôpital (miss Nightin-
» gale choisissait ordinairement la nuit pour
» ses visites). Nous parcourûmes tout le
» second étage... Cette promenade, qui me
» parut interminable, est une de celles qu'il
» serait difficile d'oublier. Comme nous pas-
» sions lentement le long des corridors et des
» salles, il régnait un profond silence : nous
» n'entendions que très-rarement un gémis-
» sement ou une plainte sortir de cette mul-
» titude d'hommes en proie aux plus graves
» souffrances. Une faible lumière brûlait de
» distance en distance. Miss Nightingale por-
» tait une lanterne, qu'elle déposait quand
» elle se penchait vers l'un des malades.
» J'admirais sa manière d'agir auprès de ces
» hommes... elle était si tendre et si bonne !

» Tout le long des corridors étaient, en
» rangs serrés, des lits de sangle très-bas,
» élevés de quelques pouces au-dessus du plan-
» cher. Dans les salles régnait une sorte de
» divan tout autour, sur lequel étaient des
» paillasses pour les patients. L'hôpital était
» plein jusqu'aux dernières limites ; le bâti-
» ment, qui d'abord n'avait été reconnu
» convenable que pour 700 hommes, en
» contenait maintenant près de 3,000...

» ... Il semble vraiment impossible de dé-
» crire l'hôpital de Scutari à ce moment là.
» Des plumes plus habiles l'ont essayé, et
» aucune, en quelque sorte, n'y a réussi ; ce
» qu'on y voyait passe toute description. Les
» personnes mêmes qui ont lu les plus déchi-
» rantes relations dans le *Times* ou ailleurs,
» ne pourront jamais imaginer la complète
» horreur (*full horror*) de la réalité. Quand

» nous passions dans les corridors, nous nous
» demandions si ce n'était pas un affreux
» rêve ; quand nous nous éveillions le matin,
» nos cœurs étaient pris de défaillance à la
» pensée du spectacle dont nous serions té-
» moins pendant la journée. La nuit nous
» nous couchions avec un sentiment d'épuise-
» ment inexprimable, non pas tant par suite
» de la fatigue physique, que du malaise moral
» résultant d'une vie passée au milieu de
» tant de souffrances désespérées. De toutes
» parts on voyait la plus grande confusion.
» A qui la faute ? je n'en sais rien ; des têtes
» plus habiles n'ont pu le découvrir... »

A chaque salle étaient attachés un certain
nombre d'infirmiers militaires (*orderlies*).
Ces hommes, généralement assez indifférents,
avaient eux-mêmes fini par se sentir saisis
d'une sensibilité inaccoutumée ; mais la con-

signe strictement observée les retenait dans des bornes qu'ils tentaient parfois de franchir dans l'intérêt de leurs malades.

« Les infirmiers semblaient sortir de cet
» état d'apathie dans lequel les maux qui les
» entouraient et l'apparente impossibilité de
» les soulager les avaient plongés, et ils nous
» aidaient de leur mieux. Quelques-uns nous
» jetaient un regard d'angoisse (*eager*)
» quand nous venions distribuer nos petites
» portions de bouillon (*beef-tea*) qui ne pou-
» vait être donné qu'à ceux des malades pour
» qui les chirurgiens avaient écrit une ordon-
» nance. Une nuit, l'une de nos dames et son
» infirmier passaient portant un peu de bouil-
» lon, quand un autre infirmier s'approcha,
» et avec un air de supplication, montrant du
» doigt un pauvre malade, — Il est au plus
» mal, dit-il, et un peu de cela lui ferait du

» bien, et le docteur a dit qu'il pouvait pren-
» dre tout ce qu'il voulait. — La dame se
» tourna rapidement de son côté : Infirmier ?
» — Oui, Madame. — Pourquoi demander
» ainsi des choses impossibles ? Vous savez
» bien que nous ne pouvons donner du bouil-
» lon à vos hommes. Tâchez d'obtenir de votre
» docteur une ordonnance pour une tasse de
» bouillon. — Oh ! très-bien, Madame, ré-
» pondit l'infirmier, je le ferai. — Mais ce
» n'est pas tout, reprit-elle, en même temps,
» demandez-lui une ordonnance pour avoir
» de l'eau chaude.... »

Ce seul exemple suffit pour montrer combien étaient restreintes les ressources dont
disposaient les hôpitaux anglais dans l'Orient,
et combien la charité des gardes-malades était
sans cesse gênée par les règlements adminis-
tratifs.

« C'était une triste chose, quand le doc-
» teur Cumming avait fini de donner ses
» ordres, de passer lentement le long des
» corridors et d'entendre un fiévreux dire à
» voix basse : *A boire! pour l'amour de*
» *Dieu!* et de n'avoir rien, car nous n'o-
» sions pas donner d'eau (celle de Scutari
» était si malsaine, qu'on ne s'en servait
» jamais sans l'avoir fait bouillir, de peur
» de la diarrhée), ou de voir le désappoin-
» tement se peindre sur le visage de ceux à
» qui nous avions auparavant l'habitude de
» porter du bouillon. Les aides chirurgiens
» étaient fort chagrinés de cette consigne,
» mais ils ne devaient qu'obéir. Un jour un
» de ces aides nous dit que le docteur Cum-
» ming l'avait menacé des arrêts pour avoir
» donné trop d'*extra* à un malade. Au mi-
» lieu de cette confusion et de cet état de dé-

» tresse, la discipline militaire ne fut jamais
» perdue de vue à l'hôpital de Scutari, et l'in-
» fraction la plus légère à l'une de ses règles
» était considérée comme plus grave qu'une
» négligence qui aurait causé la mort de vingt
» hommes....

» Les jours succédaient aux jours sans
» grand changement, les souffrances et l'a-
» gonie se suivaient; l'ange de la mort ne
» cessait de frapper; jour et nuit, il passait
» rapidement à travers les salles et les corri-
» dors, emportant les hommes par centaines.
» Lorsque, le matin, nous entrions dans
» nos salles respectives, c'était chose navrante
» de voir le nombre des lits vides; ils man-
» quaient rarement d'être remplis avant la
» nuit suivante.

» Parmi les malades du corridor B, il y en
» avait deux gravement atteints de la fièvre.

» L'infirmier qui les servait était une *brute* ;
» il ne faisait rien pour eux, que sur la ré-
» quisition du chirurgien ou de la dame
» garde-malade ; et tous les actes que le délire
» inspirait à ces pauvres créatures, il les attri-
» buait à un dessein prémédité. Il prétendait
» qu'ils faisaient exprès d'arracher les linges
» humides de leur tête, qu'il n'était pas besoin
» de les leur remettre, et il ne les replaçait
» que si nous l'y obligions. Il avait l'habitude
» de poser leur nourriture à leurs côtés, tout
» comme s'ils avaient eu force et sensibilité,
» et comme s'ils étaient capables de s'aider
» eux-mêmes, tandis que leurs pauvres mains
» pendaient impuissantes, ou serraient et
» froissaient les couvertures, signe infaillible,
» pour des gens expérimentés, que le terme
» de leur séjour sur terre approchait.

　　» .... La mort nous devint familière comme

4

» les événements ordinaires de la vie. Parmi
» un millier de malades confiés aux soins de
» trois femmes, il nous était impossible de ser-
» vir le plus grand nombre... Une fois, je
» passais dans le corridor B, un infirmier me
» pria de venir près du lit d'un malade; celui-
» ci était aux derniers périodes de l'agonie, et
» il faisait de grands efforts pour me parler;
» évidemment une demande errait sur ses
» lèvres, mais, hélas ! il essayait en vain.
» Je m'agenouillai contre lui; il ne pouvait
» parvenir à articuler un son; il devait à
» jamais renoncer au langage humain ; il
» voyait bien que tout était inutile. Enfin
» faisant un suprême effort, il montra du
» doigt son oreiller et il expira. Nous levâmes
» l'oreiller et nous trouvâmes une lettre de sa
» mère ; cette lettre m'émut profondément :
» elle était si pleine de tendre inquiétude ; la

» pauvre mère ignorait où son fils se trouvait,
» mais, disait-elle avec confiance, *pas de nou-*
» *velles, bonnes nouvelles...* Son amour du
» moins fut récompensé, car la dernière pensée
» de son fils avait été pour elle. »

Il y a dans le livre que nous analysons une
multitude de passages comme celui-ci, où la
plus exquise sensibilité arrache au lecteur des
larmes involontaires; nous ne nous lassons
pas de citer.

« A Koulali étaient trois hommes, trois
» Irlandais, Fitzgerald, Flack et Cooney, qui
» avaient eu les membres gelés. Fitzgerald
» avait perdu un pied et de plus quelques
» doigts de l'autre pied. Cooney avait de 18
» à 19 ans; c'était un catholique. Le pauvre
» garçon, obligé de rester dans la même po-
» sition, était couvert de plaies et souffrait
» horriblement. Il était si maigre que ses

» os perçaient presque sa peau ; son état était
» tel qu'on n'avait pas même voulu charger
» un infirmier de le retourner dans son lit;
» le chirurgien lui rendait lui-même ce ser-
» vice, et le docteur Temple s'en acquittait
» avec beaucoup d'humanité. Le docteur Tem-
» ple était un de ces hommes qui passaient
» la vie dans les salles, qui ne trouvaient
» jamais le temps trop long, ni la besogne
» trop pénible, quand il s'agissait de se dé-
» vouer. (Ici un éloge mérité de la plupart
des médecins et chirurgiens militaires.)

» Le pauvre Cooney avait la vie extraor-
» dinairement tenace ; les jours, les nuits
» s'écoulaient, et sa vie se prolongeant avec
» ses souffrances, il devenait de plus en plus
» faible. Oh ! comme ses tristes gémissements
» traversaient le cœur de ceux qui le soi-
» gnaient ! qu'il était terrible d'observer les

» tortures de l'agonie sur ce jeune visage!

» Pauvre enfant! il était plein de patience, et

» il disait qu'il était sûr que tout était pour le

» mieux, qu'autrement le bon Dieu ne lui

» enverrait pas de pareilles souffrances, qu'il

» avait foi en lui et qu'il s'efforcerait d'être

» patient. — Nous essayâmes de le satisfaire

» avec ce que nous avions de meilleur dans

» le peu dont nous disposions, car le docteur

» Temple avait ordonné de lui donner tout

» ce qu'il voudrait ; des œufs battus dans

» du vin étaient la seule chose qu'il pût

» avaler, et la garde le nourrit ainsi jusqu'à

» dix minutes avant sa mort. Il passa comme

» un enfant qui s'endort, et ceux qui l'avaient

» soigné remarquèrent avec une grande con-

» solation le calme et l'air paisible de ses

» traits si longtemps torturés par l'agonie.

» Au bout d'une demi-heure (et c'était un

» délai plus long que d'usage) il fut enveloppé

» dans son drap, et porté à la salle des morts.

   » Flack souffrait autant qu'un homme peut

» souffrir : il était couvert de plaies; il avait un

» pied entièrement perdu ainsi que deux doigts

» de l'autre. On lui avait permis tout ce qu'il

» désirerait; mais il avait trop de mal pour

» manger; il ne demandait rien, disait-il,

» rien ne pouvant le sauver. Un jour ce-

» pendant il dit : « Est-ce que je ne pourrais

» pas manger un *pudding* aux pommes?... »

» Mais comment le faire? comment se pro-

» curer les pommes, la farine et la graisse?

» Comment le faire bouillir? Néanmoins on

» parvint à lui apprêter son pudding; mais

» il lui fut impossible d'y toucher, quoiqu'il

» insistât pour qu'on le plaçât à côté de lui. —

» Un autre malade eut la même fantaisie,

» et il déclarait que cela lui avait fait plus

» de bien que toute la médecine. — Rien
» n'était capable de sauver le pauvre Flack.
» Il mourut une nuit très-tranquillement.

   » Quant à Fitzgerald, nous le veillâmes
» plusieurs fois, croyant toujours que c'était
» sa dernière heure; il ressemblait à un ca-
» davre; il n'avait plus absolument aucune
» force. Parmi plusieurs malades intéressants,
» il se distinguait entre tous, non-seulement
» par sa patience, mais encore par sa gaieté;
» c'était un véritable Irlandais, toujours con-
» tent et trouvant toujours tout au mieux;
» il était très-reconnaissant des soins qu'on
» avait pour lui; même alors qu'il paraissait
» sur le point d'expirer, il nous regardait
» en souriant. Il languissait, et le docteur
» n'avait aucun espoir de guérison; il sem-
» blait impossible qu'il pût se relever d'un
» pareil assaut. Et pourtant il se rétablit :

» d'abord le mieux fut très-lent, mais trois
» mois après il eut la satisfaction de quitter
» l'hôpital pour retourner en Angleterre ;
» quoique toujours perclus, il était aussi
» vigoureux qu'on pouvait le désirer ; sa
» figure rayonnait de bonheur à la pensée
» de revoir *la vieille Irlande* (*ould Ire-*
» *land*). »

On sait que l'armée anglaise ne se recrute
pas généralement parmi les meilleurs sujets
des trois royaumes. Les *red coats* (habits
rouges) sont des volontaires engagés qui n'en-
trent dans la carrière militaire que par coups
de tête ou de désœuvrement, bravant la
mauvaise réputation attachée à la profession
de soldat. Certainement personne n'est tenté
de révoquer en doute la bravoure de troupes
d'ailleurs si mal composées ; elles ont fait
leurs preuves, mais leur honorabilité, pour

nous servir d'un mot assez reçu, n'égale pas leur fermeté au combat. Cependant c'est une terrible école que la guerre ; il est bien difficile que l'homme toujours en face de la mort ne réfléchisse pas sérieusement sur lui-même ; il est impossible que les caractères n'éprouvent pas des secousses heureuses au milieu des scènes funèbres de tous les jours et ne s'y modifient pas. On n'ignore pas que les hommes les plus indomptables, portés par instinct et par goût vers les batailles, en sont revenus presque toujours plus affectueux, plus doux, plus disposés aux tendres impressions. N'est-il pas proverbial que les vieux soldats sont plus facilement menés par les femmes et les enfants ?

Si la guerre est vraiment une école de correction, celle de Crimée a eu certainement toutes les conditions de salutaires terreurs ; notre auteur en fait foi, quand elle retrace et les horreurs de la souffrance et l'héroïsme des victimes, et enfin la profonde gratitude des pauvres blessés ou malades envers les femmes qui leur prodiguaient tant de soins. Ces hommes durs et grossiers sont totalement transformés par les épreuves que Dieu leur envoie. Lisez le chapitre intitulé *Tendresse des braves cœurs* (*Tenderness of brave hearts*).

» C'est dans les hôpitaux de l'Orient qu'on
» voyait se déployer au plus haut degré le
» véritable héroïsme d'un ferme courage.
» Nous avons soigné plusieurs centaines de
» malades appartenant à l'armée anglaise,
» et sous toutes les formes de la souffrance :
» ou la consomption énervante du typhus et
» de la dyssenterie, ou l'agonie de la congéla-
» tion, avec accumulation de toutes sortes de

» misères. Pas de boisson rafraîchissante pour
» les lèvres des fiévreux ; pas de nourriture
» solides pour ces corps affaissés ; pas un doux
» oreiller pour ces têtes endolories ; au plus
» grand nombre pas une main vigilante pour
» les secourir ; et pourtant nous n'entendions
» jamais un murmure. Nous avons vu cou-
» chés là des hommes braves et forts ; nous
» les avons vus regardant la mort qui arri-
» vait, et l'attendant avec calme, car ils
» mouraient en faisant leur devoir. Oh ! si
» ceux qui parlent durement du soldat an-
» glais s'étaient trouvés, comme nous, investis
» du privilége de les soigner ; s'ils avaient
» assisté aux scènes effrayantes de l'hiver de
» 1854 à 1855 ; s'ils avaient vu l'obéissance,
» la reconnaissance respectueuse, les nobles
» qualités déployées pendant cette triste pé-
» riode !....

» Bien souvent nos cœurs étaient comme
» brûlés intérieurement, quand nous passions
» et que nous entendions les remercîments
» et les bénédictions adressés à celles qui
» faisaient si peu pour de si grandes afflic-
» tions ; ou bien lorsqu'agenouillées près d'un
» mourant , il nous faisait sa dernière de-
» mande , d'écrire aux siens en Angleterre
» et de leur annoncer que tout était fini
» pour lui ; ou quand nous observions les
» convulsions de la mort et que nous voyions
» l'un après l'autre ces nobles cœurs cesser
» de battre.

» Des malades arrivaient presque journel-
» lement, de sorte que les lits que la mort
» avait vidés la nuit étaient sûrement rem-
» plis de nouveau dans le courant du jour.
» C'était chose triste , lorsqu'on amenait un
» malade , de voir les infirmiers porter leur

» civière, cherchant autour d'eux avec dé-
» sespoir un lit pour le pauvre homme; un
» faible gémissement était le seul signe donné
» par celui-ci des tourments qu'il endurait
» et du désir qu'il avait d'être enfin couché
» quelque part où il pût mourir en paix.
» Puis ces infirmiers remettaient à la hate
» la civière sur leurs épaules, donnant, sans
» le vouloir, des secousses répétées à ce corps
» agonisant, et ils allaient dans un autre
» corridor à la recherche d'un lit. Pauvres
» gens, nous disions-nous à nous-mêmes, ni
» vos tortures ni votre patience ne seront
» oubliées; chaque goutte de cette coupe
» amère est mesurée pour vous, et ce breu-
» vage d'amertume sera pour vous un trésor
» dans le ciel. Vous avez suivi bravement et
» de tout cœur votre capitaine à la victoire, à
» travers les blessures et sur les cadavres de

» vos camarades ; maintenant suivez à travers

» la sombre vallée de la mort, le grand

» Capitaine qui conduit au salut.

» La maladie est triste en tout temps ; il

» est triste de languir et de souffrir sur nos

» lits d'Angleterre, entourés d'habiles méde-

» cins pleins de sollicitude, avec de tendres

» gardes et des amis affectueux, dans tout le

» comfort que la patrie peut fournir ; mais

» ceux-là seuls peuvent sentir l'horreur de

» ces lits des soldats malades, qui l'ont eue

» sous les yeux. Combien il était navrant pour

» nous de les voir mourir l'un après l'autre,

» nous qui avions appris à les aimer !... Dans

» nos oreilles semblaient résonner sans cesse

» les prières et les vœux inquiets des cœurs

» qui s'intéressaient à eux en Angleterre. Là

» les attendaient une mère, une épouse bien-

» aimée, un frère ; et eux ils mouraient ici,

» non dans la gloire des champs de batailles ,
» mais dans ces affreux corridors. Ces hommes
» qui avaient si bravement combattu , qui
» avaient souffert si noblemênt , ces hommes
» qui , s'ils avaient survécu , auraient reçu
» les honneurs de la reconnaissance nationale,
» ils s'en allaient par centaines, et pas un nom
» ne marquerait leur tombe , et il seraient
» bientôt oubliés, si ce n'est dans les cœurs
» d'une famille chérie.

» Non , non , ils ne seront pas oubliés !
» Certes , quand on fera le récit de cet hiver
» mémorable , quand les générations futures
» apprendront comment ils ont vaincu à
» l'Alma, comment ils ont chargés à Bala-
» clava, et maintenu leur poste à Inkermann ;
» comment ils ont résolument attendu sous les
» murs de Sébastopol jusqu'à ce que la cité si
» énergiquement défendue fût obligée de se

» rendre à ses indomptables assaillants, l'An-
» gleterre n'oubliera pas ceux qui ont versé
» leur sang pour elle, quoique aucune gloire
» n'ait ombragé leur lit de douleur, sauf un
» rayon de la gloire de Celui qui nous en-
» seigne *à être obéissants jusqu'à la mort.*
» Quelle triste sort d'entendre les histoires
» qu'ils nous racontaient, en vrais enfants
» qu'ils étaient pour la plupart : comment
» ils s'étaient engagés dans un moment de
» folie ; comment ils l'avaient amèrement
» regretté ; ou d'écouter tout ce qu'ils avaient
» à nous dire de leurs amis d'Angleterre,
» lorsqu'ils nous retraçaient les plus petites
» particularités de la famille, incidents gravés
» dans leurs cœurs !

    » Bien souvent nous écrivions des lettres
» sous leur dictée ; nous nous asseyons sur
» leur lit ; il n'y avait pas d'autre siége. Rien

» de plus remarquable que l'empressement
» avec lequel ils acceptaient nos offres de ser-
» vices... Ils étaient si résignés à tout, que
» c'était pour eux une surprise extrême
» de voir qu'ils pouvaient disposer d'une
» feuille de papier, d'une enveloppe, et, qui
» plus est, d'une main prête à écrire pour eux;
» et alors ils se montraient si pleins de solli-
» citude! *N'allions-nous pas nous fatiguer*
» *trop?... N'étions-nous pas trop mal assisés*
» *sur leurs lits?* »

La nouvelle de la mort de l'empereur de
Russie tomba au milieu des préoccupations
de l'hôpital et y produisit un effet stupéfiant.

« Il était midi quand cette nouvelle arriva.
» Miss S*** alla dans les salles et l'annonça
» aux malades. Rien de curieux comme les
» impressions diverses qu'elle fit naître.

» L'empereur de Russie est mort! Bon;

» c'est la meilleure nouvelle que nous ayons

» reçue depuis longtemps !

   » — Dieu merci ! que Dieu vous bénisse

» pour nous avoir apporté une si heureuse

» nouvelle !

   » — Très-bien ! fameuse chance !

   » — Quoi ! Nicolas ! Nicolas est mort !

» Nous ne devrions point nous réjouir de la

» mort d'un homme ; mais ma foi, nous n'y

» pouvons rien !

   » — Comment est-il mort? S'il a été em-

» poisonné, nous aurons la paix ; sinon,

» non.

   » — Quel malheur qu'il ne soit pas mort

» deux ans plus tôt !

   » — Il aura un terrible compte à rendre ;

» car il a causé la mort de plusieurs milliers

» d'hommes.

   » Un des malades se mit à fondre en

» larmes, et levant lentement les mains vers
» le ciel, les joignit dans l'attitude d'une
» prière fervente et dit : Dieu merci ! que le
» Seigneur ait pitié de son âme !

» L'émotion se propageait à travers les
» salles... On entendait la nouvelle passer de
» lit en lit avec des intonations différentes ;
› *Nicolas est mort! Nicolas est mort!*

» Un fait singulier, c'est que le jour de la
» mort du czar fut signalé par un violent
» tremblement de terre ; aucun de ceux qui
» en furent témoins ne pourra l'oublier. Il
» était environ trois heures après midi ; le
» jour précédant, un brouillard épais avait
» régné sur le Bosphore, phénomène peu
» commun en Turquie. L'hôpital ressentit
» une très-forte secousse ; les infirmières se
» précipitèrent aussitôt vers la place située
» devant les barraques. Plusieurs des pauvres

» patients sautèrent hors de leurs lits, et sur-
» montant leurs maux dans ce moment de
» terreur, descendirent des salles avec des cris
» d'épouvante ; et, lorsque la première émo-
» tion fut passée, il se trouvèrent incapables
» de regagner leurs couches sans assistance.
» Les horloges tombèrent des murailles, et
» une foule d'objets se mirent à rouler dans
» une grande confusion. Les costumes assez
» extraordinaires des malades et leur extrême
» frayeur rendaient cette scène presque
» ridicule, quelque terrible qu'elle fût en
» réalité. »

Les malheureuses gardes-malades, déjà si
fortement émues par les scènes de l'hôpital,
avaient encore à supporter les inconvénients
excessifs de la vermine et des rats ; la vermine
les empêchait de dormir plus d'une heure de
suite ; les rats galopaient sur les plafonds,

faisaient autant de bruit qu'un escadron de cavalerie et ravageaient toutes les provisions ; la nuit ils sautaient jusque sur les oreillers de ces dames. Mais la plaie la plus sensible était celle des infirmières gagées ; il fallut en renvoyer encore un certain nombre ; ordinairement le motif de leur renvoi était l'ivrognerie.

Ensuite la santé des gardes-malades commença à se ressentir de la fatigue et de la contagion. Rien de plus touchant que le récit de la maladie et de la mort de miss *Smythe*.

« Toute notre troupe se composait de neuf
» sœurs de la Merci, de trois dames et de deux
» infirmières ; tout à coup miss Smythe de-
» vint malade. Elle avait été jusqu'alors la
» colonne de notre troupe ; jamais elle n'avait
» été indisposée ; elle était chargée de la salle
» des fiévreux ; sa besogne était considérable
» et sans relâche. Je n'ai jamais vu une per-

» sonne plus dévouée à son œuvre. Elle passait
» presque tout son temps, comme les autres,
» dans les salles de l'hôpital ; elle ne pensait
» qu'à ses malades; elle leur donnait leur nour-
» riture ; elle les servait avec les soins les plus
» attentifs. Elle contracta enfin un violent
» rhume et perdit entièment la voix. Nous
» la suppliâmes de garder la chambre et de se
» soigner ; mais si elle le faisait, qui la rem-
» placerait dans la salle des fiévreux? Et elle
» ne voulait pas abandonner ses malades.

     » Elle s'y rendit donc encore, fit son ser-
» vice comme d'ordinaire; mais quand elle
» revint à l'heure du thé, elle avait l'air très-
» fatigué, très-accablé; c'est avec peine
» qu'on put Va déterminer à ne pas faire sa
» tournée du soir, qu'une autre dame entre-
» prit pour elle par surcroît de besogne,
» tandis que miss Smythe se mettait au lit.

» Cette dame, après avoir fait avec les
» boissons de la nuit le tour de la longue salle
» réservée aux fiévreux, était sur le point de
» regagner sa chambre, quand un pauvre
» homme se lève sur son séant et dit : « Est-ce
» que la bonne dame ne doit pas nous visiter
» cette nuit? » Comme on lui expliquait le
» motif de son absence : « Mais n'a-t-elle pas
» cuit quelque chose pour moi ? — Non, lui
» répondit-on. — C'est bon, dit-il en se re-
» couchant d'un air résigné. J'ai pourtant
» bien faim. »

» La personne qui suppléait miss Smythe
» vint la consulter ; celle-ci dit qu'en effet
» cet homme était très-faible et que le mé-
» decin avait ordonné de lui donner tout ce
» qu'il voudrait. Mais il était si tard, que
» la cuisine était close. Cependant nous ima-
» ginâmes de lui porter un peu de potage de

» M. Gamble, dont il fut enchanté; il dit
» que c'était la plus excellente chose qu'il eût
» jamais goûtée.

» Pendant plusieurs jours encore, miss
» Smythe s'efforça d'agir ; enfin elle se décida
» volontairement au repos et resta au lit.
» Ce jour-là même, dès lettres nous vinrent
» qui annonçaient l'arrivée dans quinze jours
» ou trois semaines d'une escouade de dames
» et d'infirmières pour Koulali. Ces nouvelles
» nous encouragèrent vivement, et la pauvre
» miss Smythe particulièrement en éprouva
» beaucoup de plaisir. Ce fut le dernier sujet
» sur lequel nous l'entendîmes s'exprimer en
» toute connaissance.

» Le lendemain la fièvre la prit, et
» bientôt, comme d'habitude, le délire....
» Une très-bonne garde la veillait ; elle avait
» les plus habiles chirurgiens ; on fit pour elle

» tout ce qu'il était possible de faire, et quoi-
» que nous n'ignorassions pas que son état
» était des plus dangereux, nous espérions;
» car jusqu'alors toutes celles d'entre nous qui
» avaient été attaquées de la fièvre, s'étaient
» rétablies, après avoir été réduites à la même
» extrémité...

» Pendant toute sa maladie, elle avait
» montré beaucoup de patience, mais elle
» parlait rarement et elle avait constamment
» le délire. Les médecins considéraient son
» état comme très-alarmant ; nous, nous
» espérions toujours.

» Le 28 mars, j'étais occupée à distribuer le
» dîner aux infirmiers pour les salles de l'hô-
» pital, lorsqu'on m'apporta la nouvelle de
« sa mort ; je ressentis comme le choc causé
» par une mort subite; et cependant, telle était
» l'étrangeté de notre existence, à ce moment,

» que je ne pus pas quitter mon service , et
» que je dus continuer à compter les tranches
» de mouton et les quartiers de poule jusqu'à
» ce que tout l'hôpital fût servi; puis je montai
» à la chambre mortuaire. Miss Smythe était
» morte sans pousser un soupir et sans avoir
» sa connaissance ; et comme cette fièvre était
» un typhus très-dangereux , les chirurgiens
» déclarèrent qu'il fallait l'enterrer immédia-
» tement.

» Le lendemain eurent lieu ses funérailles;
» le cercueil était couvert d'un drap blanc;
» les infirmiers de la salle dont elle était
» chargée, portèrent le corps sur le sentier
» escarpé qui conduisait de l'hôpital au cime-
» tière. Tous les convalescents auraient voulu
» suivre, mais on pensa que le froid était
» trop vif pour eux. Les dames, les infir-
» mières , les officiers accompagnaient la

» bière, et nous la déposâmes sur le penchant

» de la colline verdoyante, bien loin, hélas!

» des antiques cimetières de la patrie; mais

» cette terre nous paraissait en quelque sorte

» consacrée par les nobles et braves gens

» qui y dormaient. La fraîcheur soudaine

» qui vient au coucher du soleil en Orient,

» tomba sur nous pendant que nous nous te-

» nions autour de la tombe; le soleil descen-

» dait au-dessous de l'horizon, éclairant en-

» core de ses derniers feux les édifices de

» Constantinople, les eaux bleues du Bosphore

» et les sombres hauteurs qui la bordent; sur

» l'un des côtés de la colline était le cimetière

» turc, triste preuve que nous étions sur un

» sol étranger.

» Nous la laissâmes là, sous l'impression

» d'un sentiment pénible; nous la laissâmes

» isolée, loin de son pays et de ses amis;

» néanmoins nous savions que Dieu et ses
» anges sont près, peut-être même plus près
» de ceux qui meurent dans l'exil. Elle ne fut
» pas oubliée à Koulali ; profonds furent les
» regrets exprimés par les malades, en appre-
» nant la mort prématurée de celle qui les
» soignait si tendrement. Plus d'une larme
» fut versée pour elle ; ils en parlaient avec
» une véritable effusion et rappelaient ses
» traits d'abnégation et de bonté. Nous pla-
» çâmes de suite une petite croix de bois à la
» tête de son tombeau, et un soldat y grava
» ses initiales : nous voulions ainsi marquer
» l'endroit jusqu'à ce que nous connussions les
» intentions de ses parents. Suivant leur désir,
» la tombe fut plus tard surmontée d'un mo-
» nument en pierre, portant simplement son
» nom et la date de sa mort. Pas un mot
» d'éloge ne les accompagnait, et il en devrait

» être toujours ainsi pour le chrétien ; il n'en
» a pas besoin ; les applaudissements du monde
» avaient fui pour elle, comme l'ombre de-
» vant le soleil ; mais nous la quittions dans
» l'humble espérance qu'elle entendra un jour
» ces paroles : *Tout ce que vous avez fait*
» *pour le moindre des miens, c'est pour moi*
» *que vous l'avez fait.* »

Pour toute récréation, les gardes-malades
faisaient le soir quelques promenades à un
village grec dans le voisinage de l'hôpital.
Notre auteur décrit agréablement une école
turque, une danse de femmes ; elle raconte
d'une manière piquante comment les dames
turques, après avoir examiné curieusement
les habits des dames anglaises, leur présentè-
rent des pipes en les invitant à fumer comme
elles. « Nous consentîmes à fumer un ou
» deux coups par politesse, mais pas davan-

» tage , et quand nous déposâmes nos pipes ,

» un éclat de rire général montra qu'elles

» s'amusaient beaucoup de notre embarras.

» Les gants sont évidemment considérés comme

» le *nec plus ultrà* de la fashion ; ils ne sont

» portés que par des personnes de haut rang ,

» et toujours des couleurs les plus éclat-

» tantes. »

Ces distractions ne se renouvelaient pas souvent, et les gardes-malades revenaient à leurs pénibles fonctions. Elles retombaient dans les scènes affligeantes dont leurs yeux et leurs cœurs étaient sans cesse affectés. Aussi c'est là que nous retrouvons les pages les plus intéressantes du livre.

« Sauf quelques brillantes exceptions, la

» manière dont la guerre a été conduite est

» une source d'humiliation pour l'Angleterre ;

» mais du moins notre patrie a pu s'enor-

» gueillir du noble caractère de ses enfants.

» Dans la salle n° 3 était M***, le seul
» sérieusement malade ; une dame veilla une
» nuit exprès pour lui ; il le sut et il était tout
» désolé ; il ne faisait que se plaindre , car il
» était très-faible. « Réellement , M***, lui dit-
» elle , il est inutile que je veille , si en vous
» conduisant de la sorte vous vous rendez plus
» malade. Je suis bien assez forte pour veiller
» jusqu'au matin , et alors je me mettrai au
» lit ; mais c'est vraiment du temps perdu
» de venir près de vous, si vous allez vous
» plaindre ainsi toute la nuit.

» — Je ne puis pas supporter, répondit-il,
» de vous voir courir et vous fatiguer pour
» moi ! » A la fin , elle parvint à le calmer,
» et quand parut le matin , le trouvant mieux,
» elle le quitta. Peu de temps après , la dame
» chargée de la salle étant venue pour son

» ouvrage ordinaire, il s'enquit avec anxiété de

» celle qui l'avait soigné pendant la nuit;...

» et il fondait en larmes au souvenir de ce

» qu'elle avait fait pour lui. Cet homme était

» un orphelin; à son retour en Angleterre il

» ne devait pas retrouver de famille, mais

» seulement le *workhouse* (maison de travail),

» et sa constitution était ruinée pour toujours,

» je le crains; peut-être c'est son isolement

» dans ce monde qui le faisait s'attacher à

» nous et qui le rendait si stupéfait de tous les

» soins qu'on prenait pour le soulager. Au

» premier moment de son arrivée de Crimée,

» sa figure exprimait la surprise, au moindre

» acte de bienveillance; il en était affecté plus

» que de tout autre chose; on voyait qu'il

» n'avait pas été habitué à de pareils traite-

» ments pendant sa vie, et il disait, toujours

» souriant : « Allons, tout va bien; Dieu sait

» ce qui vaut le mieux ! (*All right, God know*

» *best !*) »

» Dans cette même salle se trouvait Walter,

» un petit tambour d'environ douze ans ;

» c'était un joli enfant, à la voix remarqua-

» blement claire et douce ; on l'avait admis à

» la classe de chant ; il était extrêmement gâté

» par les soldats, et était devenu insolent et

» entêté. Il gagna la fièvre.... Quand il fut

» mieux, il dit à la dame qui le soignait :

« J'étais un très-méchant garçon avant

» d'être malade ; mais je veux changer. J'avais

» promis à mon frère, quand je partis, que je

» lirais la Bible tous les jours et que je dirais

» mes prières ; jusqu'à un certain point j'ai

» tenu ma promesse, et j'ai fait l'un et l'autre ;

» mais j'avais soin de choisir les chapitres les

» plus courts, et de dire mes prières le plus

» vite possible, juste pour n'y pas manquer ;

» mais je ne ferai plus ainsi, dès que j'irai
» bien. »

» Dans la suite, il prit l'habitude d'apporter
» à la dame de la salle n° 3 de belles fleurs,
» marque enfantine d'affection et de gratitude.

» Un autre avait eu la mâchoire brisée à la
» prise du Redan, et quoiqu'il eût recouvré la
» santé, il ne pouvait suivre le régime ordi-
» naire de l'hôpital, et on le nourrissait en-
» tièrement de riz, de pudding, de bouillon
» et de fécule. Il avait grande envie d'être
» renvoyé en Angleterre; mais un jour il dit
» d'un ton mélancolique à la dame qui le
» gardait :

» Je ne serai jamais renvoyé au pays, si
» vous êtes si bonne pour moi et si vous me
» nourrissez si bien, car je deviens trop gras;
» quand les docteurs font leur ronde pour
» examiner les hommes qu'il faut renvoyer en

» Angleterre, ils prennent mes bras, il les
» tâtent, et alors ils ne croient pas que je sois
» assez mal pour être rangé parmi ceux qui
» doivent avoir leurs invalides.

» — C'est bien, répondit la dame en riant,
» alors je suppose que ce que j'ai de mieux à
» faire c'est de ne plus m'occuper de vous ! »

» Il ne paraissait pas du tout certain s'il
» n'aurait pas valu mieux pour lui de souffrir
» un peu de la faim, pour mériter de rentrer
» en Angleterre. Toutefois ses désirs se réali-
» sèrent, et il fut classé parmi les invalides.
» Il dit alors à la dame, sa garde-malade, la
» nuit qui précéda l'embarquement, que sa
» mère, qui était veuve, prierait pour elle. »

» Un jeune soldat avait une fièvre typhoïde
» très-maligne ; on n'espérait pas son réta-
» blissement. Il avait l'esprit continuelle-
» ment égaré, mais il était très-obéissant

» et très-docile. Il avait coutume de chan-
» ter des hymnes qu'il avait apprises, nous
» le supposons, dans son enfance, en quelque
» église de village d'Angleterre, car c'était
» évidemment un garçon de la campagne. Il
» aimait à répéter sans cesse aux dames et aux
» infirmiers que Dieu était bon, très-bon
» certainement, et qu'il l'aimait de tout son
» cœur. Il éprouvait un grand soulagement des
» morceaux de glace qu'on lui appliquait sur
» le front; il était plein de reconnaissance, di-
» sant à la dame qui le soignait, qu'elle était
» comme une mère, plus qu'une mère pour
» lui.... A la grande surpise de cette dame,
» il se rétablit et recouvra lentement ses
» forces. Il avait une docilité, une affection
» d'enfant; aussi, pour sa part, elle regrettait
» de le voir quitter la salle des malades pour
» celle des convalescents.

» Un autre pauvre garçon arriva de Cri-
» mée ; après quelques mois passés à l'hôpital,
» il paraissait tout à fait à bout, et on lui
» aurait donné 50 ans où à peu près ; mais
» en consultant son livret, nous vîmes qu'il
» n'en avait que 20. Pendant quelques jours
» il alla mieux, puis il retomba à l'extrémité.
» Le jour où il mourut, il dit à la dame qui
» le veillait, qu'il avait un peu d'argent et
» qu'il désirait le laisser à un de ses amis en
» Irlande, qui lui avait servi de père. Il
» n'avait pas de parents vivants. La dame en
» parla au commandant, qui répondit, qu'à
» moins qu'il ne fît un testament, son argent
» reviendrait à ses alliés les plus proches.

» Les soldats ont un petit livre de poche
» que leur fournit le quartier-maître, sur
» lequel ils marquent leurs comptes, etc....
» et où sont imprimés plusieurs articles du

» règlement militaire. A la fin de ce livre est
» un modèle de testament. Le caporal de
» garde, par ordre du commandant, en fit
» une copie, et on engagea le pauvre garçon
» à y apposer sa signature en présence d'un
» officier du service médical. Mais, hélas !
» son esprit était en ce moment égaré, et les
» sueurs de la mort couvraient déjà son front.
» Il put cependant revenir à lui suffisamment
» pour écrire son nom. C'était un touchant
» spectacle de voir sa main tremblante accom-
» plir cette œuvre suprême. En réalité, c'é-
» tait tout au plus une livre sterling qu'il avait
» à léguer ainsi ; mais il semblait si désireux
» de donner ce petit témoignage d'affection
» et de gratitude à l'homme qui l'avait aimé
» et qui avait été si bon pour l'orphelin
» lorsque son père et sa mère étaient descen-
» dus dans la tombe !...

» Dans ses moments de raison, le dernier
» jour, il chargea sa garde d'écrire pour lui
» une lettre à son ami; mais elle dut la finir
» après sa mort. Il était catholique romain ;
» en conséquence, une sœur de la Merci fut
» appelée pour prier à ses côtés, ce qu'elle
» avait déjà fait plusieurs fois pendant sa ma-
» ladie ; il mourut très-paisiblement, et sans
» pousser un gémissement, pendant qu'elle
» lisait les dernières prières au pied de son
» lit. »

» On rencontrait assez souvent des hommes
» d'une classe supérieure. Quelque temps
» avant l'époque dont je parle ici, il y avait
» dans la salle des dyssenteries un sergent
» nommé Hamilton. La sœur M. S...., qui
» le soignait, était frappée de la distinction de
» ses manières et de son extérieur. Il se réta-
» blit et put sortir pour prendre de l'exercice

» dans la cour. Le docteur dit qu'aussitôt
» qu'il irait assez bien, il en ferait un quartier-
» maître. Le pauvre homme fut saisi du froid,
» puis de la fièvre, et mourut au bout de peu
» de jours, au grand chagrin de la sœur.
» Quelque temps après, arriva une lettre de ses
» parents demandant des nouvelles de ses der-
» niers moments, afin de consoler sa mère qui
» avait éprouvé une violente commotion en
» apprenant sa mort par les journaux. Plu-
» sieurs lettres ayant le même objet nous
» parvinrent ainsi. Souvent, hélas! nous ne
» pouvions y répondre, car, dans cette pé-
» riode de confusion, les registres militaires
» étaient si mal tenus qu'il ne nous était pas
» possible de nous rappeler les particularités
» de tant de cas innombrables; mais quand
» je dis qu'il s'agissait du sergent Hamilton,
» sœur M. S... fut toute prête à donner des

» renseignements, parce qu'il lui avait laissé
» une impression trop profonde pour qu'elle
» s'effaçât si vite ; et nous donnâmes cette
» satisfaction à ses parents. Nous reçûmes,
» sœur M. S*** et moi, des réponses pleines
» de la plus touchante reconnaissance ; en les
» lisant nos yeux se remplirent de larmes.
» A mon retour en Angleterre, je désirais
» beaucoup de voir cette famille, pensant
» qu'ils seraient heureux d'en savoir plus en-
» core sur celui qu'ils avaient perdu ; mais
» en arrivant à l'adresse qu'ils m'avaient
» indiquée, ils avaient changé de domicile,
» et je ne pus jamais connaître positivement
» leur nouvelle résidence. »

« Un caporal était l'exemple de son ré-
» giment pour sa bonne conduite et sa so-
» briété ; il avait une plaisante manière
» d'exhorter ses camarades et de leur per-

» suader de ne pas se livrer à la boisson.

» Il était depuis longtemps au service ; et sa

» santé était délabrée ; il avait grande envie

» de revoir sa femme et son enfant ; mais,

» disait-il toujours en souriant, je suis prêt

» à rester, si c'est nécessaire... Il nous racon-

» tait un jour gaiement que « c'était par la

» *boisson* qu'il était arrivé à devenir un bon

» sujet. — Singulière anomalie qui nous fit

» rire et qu'il expliqua comme suit : Il y avait

» de cela plusieurs années, quand un très-

» jeune homme perdit la raison à force de

» boire ; cet accident lui servit d'exemple.

» Le capitaine de son régiment établit une

» école où ceux qui voudraient éviter les occa-

» sions de boire que fait naître l'oisiveté,

» trouveraient à s'instruire et à s'occuper. Il

» entra à l'école, vainquit sa mauvaise habi-

» tude, et il ajoutait « qu'il bénissait Dieu

» du jour où il avait commencé à se corri-

» ger! »

» Quand il fut rentré en Angleterre, il

» écrivit la lettre suivante à sa dame garde-

» malade :

« Chère madame,

« Grâce au Dieu tout-puissant, me voici

» revenu dans la vieille Angleterre après une

» traversée de 14 jours; beau temps durant

» toute la route, arrangements bien enten-

» dus à bord du *Niagara*, pour les malades

» et les blessés. Par moment je souffre beau-

» coup; je crains d'être complètement usé

» pour le service militaire. Cependant ce se-

» rait une grande perte pour moi d'être con-

» gédié maintenant; mais s'il en doit être

» ainsi, eh bien! je suis content. Je sens

» qu'il est du devoir d'un chrétien de se sou-

» mettre à la divine Providence, car je puis
» dire que j'ai passé par un chemin auquel
» je ne m'attendais guère, et que par ce
» même chemin la bonne Providence m'a
» ramené à ma femme chérie et à ma famille.

» Je vous fais mille remercîments des
» soins que vous m'avez prodigués dans mes
» douleurs. Le Seigneur vous récompensera,
» parce qu'il a promis de le faire; il sem-
» ble qu'il m'ait suscité des amis de toutes
» parts.. Veuillez dire à miss *** que je ne
» saurais jamais oublier sa bonté à me donner
» des renseignements et l'adresse de ses pa-
» rents......

» La joie et le bonheur de revoir mes amis
» me fait presque oublier les épreuves, les
» peines par lesquelles j'ai passé. Je suis re-
» connaissant de ce que Dieu m'a permis de
» vivre; je suis satisfait de mon sort, mais

» je suis très-étonné de me trouver heureux
» de dire que je ne serai plus envoyé dehors.
» Je suis à présent à l'hôpital ; je vais cher-
» cher des médecines trois fois par jour. Si
» le temps était moins humide, cela vaudrait
» mieux pour moi ; néanmoins je n'ai pas
» la prétention d'ordonner au Tout-Puissant
» le temps que nous devrions avoir. Et main-
» tenant, chère madame, vous m'excuserez
» si j'ai passé les bornes de la liberté en vous
» écrivant ; nos prières seront toujours pour
» vous et pour tout ce qui vous touche ; vous
» êtes un trésor pour votre famille et pour
» l'armée anglaise d'Orient.

» Je suis votre humble serviteur * * *. »

Si les lettres que ces dames recevaient de
leurs malades reconnaissants leur causaient
un vif plaisir, elles étaient fort amusées par

la naïveté de ceux qui leur demandaient d'é-
crire pour eux au pays :

« Le plus souvent ils ne savaient que dire,
» mais ils s'en rapportaient entièrement à la
» dame qui leur servait de secrétaire :

» Qu'est-ce que je dois écrire ? deman-
» dions-nous d'abord.

» Tout ce que vous voudrez, miss ; mettez...
» comme lorsque vous écrivez vous-même en
» Angleterre. Vous savez mieux que moi
» comment on fait une lettre.

» Mais pourtant, comment faut-il commen-
» cer ? — Eh bien !... *Mon cher Thomas...* »
» La dame écrit *Mon cher Thomas*, exprime
» l'espoir que le cher Thomas se porte bien,
» et l'informe de la maladie, de la situation
» de son ami. — Tout à coup elle a l'idée de
» demander au soldat quelle relation ou pa-
» renté il y a entre lui et ce *cher Thomas.*

» Oh ! miss, c'est justement mon père. »

» Alors elle lui représente qu'il serait con-
» venable, en s'adressant à son père, de lui
» donner son titre naturel.

« Oh ! ça ne fait rien, miss ; c'est tout de
» même ; ça ira très-bien ! »

« Dans la salle du bas était un sujet très-
» intéressant ; il se nommait Algeo ; c'était
» véritablement un enfant, et il souffrait d'une
» manière effrayante ; son corps était couvert
» d'abcès, et il était incapable de faire un
» mouvement. Cependant la sœur *** avait
» l'habitude de dire qu'elle ne l'avait jamais
» vu sans un sourire sur sa figure, et quand
» il dormait, elle était touchée de l'expression
» de calme patience que décelait sa physio-
» nomie. Souvent les infirmiers le sortaient
» de son lit et le portaient hors de l'hôpital,
» sur le rivage du Bosphore, pour que la

» brise de la mer pût le rafraîchir. Il était
» évident qu'il allait quitter cette terre, et
» tout le monde montrait beaucoup d'intérêt
» à ce pauvre malade, encore enfant, et dont
» la jeune existence avait déjà été si étrange
» et si triste. Commencer par le champ-de-
» bataille et finir par un lit de souffrance !

  » La sœur * * * lui donnait les soins les
» plus tendres, et il la payait d'une affection
» et d'une gratitude profondes.

  » L'un des infirmiers de cette salle s'ap-
» pelait Dick : c'était dans son genre, un
» caractère si bourru, si mal poli, qu'il pa-
» raissait plutôt fait pour assommer une dou-
» zaine de Russes d'un coup ; mais Dick était
» aussi bon pour Algeo que si celui-ci eût été
» son enfant, et le pauvre Algeo le chéris-
» sait : il y avait quelque chose d'extraordi-
» naire dans cette affection entre un soldat

» rude et grossier, et un enfant près de mou-
» rir. Dans l'agonie de la mort, au moment
» où il allait rendre l'âme, il se mit à appeler
» Dick :

« Viens ici, Dick ; j'ai besoin de t'em-
» brasser. »

» Et pendant que Dick le tenait dans ses
» bras, l'enfant expira.

» En racontant ceci à la sœur * * *, Dick
» avait des larmes dans les yeux. »

J'ai dit qu'une des choses que j'admirais
le plus dans le livre dont je présente l'impar-
faite analyse, c'est l'esprit d'impartialité qui
y règne d'un bout à l'autre, c'est la justice
de l'auteur envers les œuvres catholiques et
françaises, quoiqu'elle soit anglaise elle-
même et protestante. Pas un mot de criti-
que ou de controverse ; pas une parole iro-
nique ou inconvenante pour des usages et

des pratiques qui doivent quelquefois contra-
rier ses convictions ; pas un sourire malveil-
lant. Au contraire, les chapitres réservés aux
Sœurs de la Merci ou aux Filles de Saint-
Vincent de Paul sont ceux où elle a versé
plus abondamment tout ce que son âme ren-
ferme de douce sympathie et d'affectueuse
équité. On voit quelle impression ont pro-
duite sur elle ces dévouements dont la source
est si pure et si élevée ; on sent aussi, dans
plusieurs passages, quoiqu'elle évite de se
prononcer positivement, on sent qu'elle re-
grette pour sa croyance et son culte ces fruits
sublimes de la foi catholique. Ce qui l'étonne
surtout, ce qui la ravit, c'est la permanence,
c'est la fécondité inépuisable de cette charité
religieuse, alors que tant d'œuvres tentées
en-dehors de l'Eglise mère n'ont eu qu'une
existence de quelques jours.

En supposant une bonne foi entière qui n'est pas improbable, la femme qui, renonçant aux plaisirs, aux douceurs du foyer, aux séductions du monde, a dépensé une partie de sa jeunesse à soigner les plaies des blessés, à consoler les derniers jours des mourants, à aider Jésus-Christ dans le pauvre, cette femme, malgré les erreurs involontaires de sa croyance, est vraiment une *sœur de Charité*; des efforts isolés, impuissants peut-être, à fonder une œuvre qui dure, n'en sont pas moins dignes de l'admiration des hommes et des bénédictions de Dieu.

Je ne puis citer tous les chapitres dans lesquels l'auteur parle des services rendus à l'humanité souffrante par les religieuses françaises en Orient; je dois me borner. Mais je choisis celui qui est consacré à la Mission des sœurs de la Charité à Constantinople;

il est d'ailleurs rempli de renseignements utiles pour l'histoire de l'influence française au milieu des populations musulmanes. Il y a des faits piquants, des faits nouveaux ou très-peu connus.

« Nous eûmes quelquefois besoin d'aller
» à Pera, quartier des Francs à Constanti-
» nople, pour faire des achats... Nous abor-
» dâmes au port du côté de Galata, où com-
» mence une fatigante promenade à travers
» les rues étroites qui mènent par la pente
» des collines escarpées à la grande rue de
» Pera. C'était là comme un tableau mobile;
» on y voyait tous les costumes imaginables :
» — un turc, un grec, une dame parisienne;
» des soldats, des officiers français, anglais,
» sardes; un pacha à cheval avec son escorte;
» un groupe de femmes turques, un autre
» groupe de grecques; un prêtre grec en

» robe traînante, avec sa longue barbe et
» son bonnet carré ; un prêtre catholique grec
» se distinguant de l'autre par un voile de
» gaz noir à son bonnet ; un prêtre arménien
» avec sa robe d'un brun foncé ; une troupe
» d'ecclésiastiques français, un chapelain an-
» glais, une sœur de la Charité ; une bande
» de marins anglais.

» Les magasins sont tenus principalement
» par des Français ou des Grecs qui parlent
» français ; les objets qu'on y vend sont d'une
» qualité inférieure et d'un prix exorbitant.
» Nous éprouvâmes la plus grande difficulté
» à nous procurer ce dont nous avions besoin ;
» et nous n'y serions jamais parvenues, sans
» la complaisance de sœur Bernardine, une
» des sœurs de Charité, qui, apprenant notre
» embarras, nous offrit ou de faire elle-même
» nos commissions, ou de nous accompagner

» dans les rues de Pera pour nous indiquer
» les meilleures boutiques. Elle avait passé
» plusieurs années en Orient et parlait la
» langue turque. Nous acceptâmes ses bons
» services, et un jour, sous son escorte, nous
» traversâmes les rues de Galata et de Pera.
» Sœur Bernardine était un inappréciable
» *cicérone.* Elle connaissait le prix exact de
» toutes choses; elle pénétrait dans des rues
» dont nous n'avions jamais entendu parler,
» et elle découvrait des boutiques cachées dans
» des recoins comme si elles avaient voulu
» précisément se tenir hors du passage ordi-
» naire; celles qui en apparence ne sem-
» blaient contenir aucun des objets dont nous
» avions besoin, en étaient pourtant four-
» nies. Nous nous procurâmes ainsi de grands
» paniers, du coton fin, des bas, des demi-
» setiers, différents objets de cuisine, etc.

» On en avait déjà cherché souvent à Pera,
» mais en vain ; et ainsi , ce jour-là , sœur
» Bernardine nous mit au courant et des bou-
» tiques où l'on pouvait acheter , et des prix
» qu'il fallait offrir.

» En passant par les rues encombrées de
» monde , nous rencontrions , comme d'or-
» dinaire , dans la foule bigarrée , beaucoup
» d'officiers et de soldats français. Ils se ran-
» geaient aussitôt pour faire place à la
» sœur, ôtant leurs képis et la saluant comme
» une dame de haute condition. C'est que
» dans l'armée française il y a une grande
» reconnaissance , une grande affection pour
» ces religieuses ; et elles le méritent bien ,
» elles qui ont suivi le drapeau national
» partout où les Français ont été combattre
» et répandre leur sang. Quelque part où
» les enfants de la France languissent sur

» des lits de douleur , loin de la patrie , loin
» de leurs amis , ils ont près d'eux une con-
» solatrice , une figure bien connue, penchée
» à leur chevet , *la sœur de Charité !*

» Aussi les armées françaises, se mettant
» en campagne , en même temps qu'elles
» ont soin de se munir des instruments de
» guerre et de destruction , de choisir des
» généraux habiles pour les conduire à la
» victoire , et de vaillants cœurs pour le
» combat, prennent avec elles une douce et
» sainte troupe de *sœurs de Charité* , et au
» milieu de soldats quelquefois grossiers, par-
» mi les scènes d'horreur et de désolation, les
» sœurs vivent sans défense, mais sans crainte.
» Elles sont comme sous un bouclier , à l'abri
» de toute insulte; aussi en sûreté sur le champ
» de bataille , ou sous la tente des blessés , à
» l'ambulance , sur la terre étrangère, que si

» elles se trouvaient dans leur couvent ; les
» salles des hôpitaux ou les rues d'une cité sont
» leurs cloîtres, des chambres d'emprunt sont
» leurs cellules, la crainte de Dieu est leur
» grille, une modestie sainte et sévère est leur
» seul voile [1]. — Il n'est pas étonnant que les
» Français leur portent tant d'honneur et de
» respect ; elles en sont mille fois dignes.

» Après avoir fini nos emplettes, comme
» nous étions très-fatiguées, sœur Bernardine
» nous pria de venir nous reposer au couvent.
» La *maison de N.-D. de la Providence* est
» située à Galata, non loin des bureaux de
» l'amirauté anglaise ; quoique le bâtiment
» soit très-étendu et attenant à une église
» catholique, la petite rue est si étroite et
» si sale qu'à moins d'être conduit par

[1] Cette pensée avec ses développements se trouve être de saint Vincent de Paul lui-même. (*Note de l'éditeur.*)

9

» quelqu'un qui connaisse le chemin, on peut
» chercher longtemps sans le voir. Le cou-
» vent s'élève au milieu de la population
» francque, parmi les repaires les plus infects
» et les plus misérables.

» En arrivant nous vîmes inscrit sur une
» grande porte : MAISON DE N.-D. DE LA PROVI-
» DENCE, ÉCOLE DES SŒURS DE LA CHARITÉ ; au
» coup de marteau, la porte s'ouvrit au moyen
» d'un cordon tiré de l'intérieur, et nous en-
» trâmes. Ce couvent est vraiment une chose
» merveilleuse : d'un côté est le parloir qui
» est constamment plein de monde ; des per-
» sonnes de toute nation y viennent sans cesse
» demander divers renseignements ; les offi-
» ciers français s'y rendent pour avoir des
» objets nécessaires à leurs soldats ; on y voit
» une foule de pauvres de toute espèce ; tout
» ce qui souffre, tout ce qui est dans la dou-

» leur ou dans la gêne, semble s'y donner
» rendez-vous pour trouver secours et con-
» solation.

» Du parloir nous passâmes dans la grande
» salle des approvisionnements ; c'est de là
» que partent les biscuits, le vin, et autres
» articles du même genre, pour les *ambu-*
» *lances.* On appelle *ambulance* des postes
» extérieurs établis par les sœurs de Charité
» près de chaque hôpital. Un certain nombre
» de religieuses sous une supérieure sont en-
» voyées à ces postes, et le couvent leur four-
» nit les provisions pour les malades. Ce cou-
» vent de Galata est la maison-mère de toutes
» les sœurs dispersées dans l'empire turc ;
» elles y reviennent quand leur santé néces-
» site des soins et du repos. On y compte une
» centaine de religieuses, sans parler de celles
» qui sont en mission au dehors; quoique

» appartenant à huit nations différentes, elles
» vivent en communauté.

» En quittant le magasin des provisions,
» nous visitâmes les écoles qui contiennent
» plusieurs centaines d'enfants de toutes les
» nations réunies à Constantinople, c'est-à-
» dire de presque toutes les contrées du monde
» connu, et ces enfants si singulièrement
» mélangés sont tous instruits dans la même
» foi, recueillis dans la même bergerie. C'était
» un curieux spectacle que les figures si va-
» riées de ces petites filles : l'Allemande aux
» yeux bleus, l'Italienne aux yeux noirs, la
» Grecque à l'œil rusé, la Turque au regard
» étonné. Auprès de l'école, nous traversâmes
» la cour où les enfants prennent leur recréa-
» tion.

» Par une porte donnant sur cette cour
» nous entrâmes dans l'église attenante qui

» appartient aux Pères lazaristes. Elle est
» fort simple, et n'a aucun ornement remar-
» quable, si ce n'est une ou deux belles pein-
» tures. En montant un escalier, nous nous
» trouvâmes dans le dispensaire ou la phar-
» macie des sœurs, qui est tenue avec un ordre
» parfait. Les sœurs apprennent à composer
» des remèdes, et c'est là le plus important
» de leurs ouvrages en Turquie ; elles sont les
» seuls médecins sur lesquels puissent compter
» la plupart des pauvres ; et chez les pauvres
» de Constantinople, il existe un degré de
» misère et de détresse qui surpasse de beau-
» coup tout ce qu'on voit dans les autres villes
» d'une égale population.

  » A un autre étage, nous vîmes le dortoir
» des orphelines, admirablement ordonné :
» de longues rangées de petits lits bien blancs,
» et à chaque extrémité, garni de rideaux,

» le simple lit d'une sœur qui jour et nuit
» est chargée de garder les orphelines. Plus
» haut encore (le nombre des marches qu'il
» fallut monter nous avait essouflées), nous
» trouvâmes les orphelines. — Une centaine
» d'entre elles, assortiment délicieux à voir,
» étaient assises à travailler, dans une salle
» spacieuse, avec quelques sœurs. A notre de-
» mande, elles chantèrent un cantique. Nous
» leur donnâmes quelques bonbons qui pa-
» rurent faire beaucoup de plaisir. Les orphe-
» lines font une grande partie des ouvrages à
» l'aiguille pour leur entretien ; elles habillent
» aussi des poupées dans les différents cos-
» tumes du pays, et elles font d'autres articles
» de fantaisie qu'on vient acheter au parloir.

» Les sœurs ont un pensionnat pour des
» filles d'un rang plus élevé que celles de
» l'école. Comme il ne restait pas de place

» dans le couvent à cause du nombre des

» sœurs nécessaires au service des hôpitaux

» militaires, le pensionnat avait été placé plus

» loin à Péra. Les sœurs desservent six hô-

» pitaux militaires et plus à Constantinople.

» Lorsque nous eûmes vu les orphelines,

» il nous restait encore un étage à visiter, la

» chapelle des enfants : c'est tout bonnement

» une salle spéciale arrangée pour cette desti-

» nation; ornée avec goût, quoique avec une

» grande simplicité. En sortant de cette cha-

» pelle, nous étions au faîte de l'édifice, c'est-

» à-dire sur une large terrasse servant de pro-

» menade. Quel panorama! quelle plume pour-

» rait le décrire? A nos pieds, le curieux laby-

» rinthe des rues de Constantinople; nous étions

» trop loin pour saisir les détails, mais nous

» jouissions d'un ensemble pittoresque. Là

» était le pont de bateaux couvert d'une foule

» énorme dont les formes apparaissent vague-
» ment à cette distance ; la Corne d'or avec
» ses navires, les minarets lointains de Sainte-
» Sophie, la mosquée du sultan Achmet, et
» d'autres mosquées, et des palais, au milieu
» des bois de cyprès, le sérail et ses beaux
» environs formant la pointe du sérail, le
» Bosphore azuré, le grand cimetière de Scu-
» tari, les hôpitaux sur le penchant de la
» colline, la mer de Marmara, les chaînes
» de montagnes à l'horizon où les yeux cher-
» chent à distinguer la ligne indécise de
» l'Olympe...

» Les sœurs, n'ayant pas de terrain suffisant
» dans l'intérieur de la maison, viennent sur
» cette terrasse respirer l'air frais; c'est là
» que chaque année au mois d'août, confor-
» mément à leur règle, elles font une retraite
» d'une semaine.... Sœur Bernardine nous

» disait en son anglais délicieusement incor-
» rect : « C'est notre temps le plus agréable ;
» nous n'avons alors plus rien à faire qu'à
» prier Dieu et à penser à lui. L'an dernier,
» j'étais ici, j'étais si heureuse ! mais, hélas !
» le choléra sévissait à Varna ; on nous appela
» en toute hâte ; je dus partir bien vite, moi
» et plusieurs autres. »

» Les sœurs de Charité sont ces religieuses
» dont j'ai déjà parlé à bord de l'*Egyptus*.
» Leur ordre a été fondé il y a deux siècles
» par saint Vincent de Paul, homme dont
» on peut dire justement qu'il a fait plus de
» bien dans sa vie que tous les philosophes
» que le monde a connus. Il crut qu'afin de
» secourir efficacement les souffrances du
» pauvre, outre les ordres religieux établis
» déjà pour certaines misères spéciales, il
» fallait un ordre de femmes, prises elles-

» mêmes dans la classe pauvre [1], qui seraient
» habituées aux fatigues qu'elles auraient à
» éprouver ; et il voulut qu'elles portassent le
» vêtement des paysannes de l'époque, et
» fussent prêtes à aller soigner les malades
» en tout temps et partout où elles seraient
» demandées, et qu'enfin elles fussent char-
» gées d'instruire les enfants.

» Les personnes qui désirent entrer dans
» l'ordre, doivent subir un noviciat d'au moins
» cinq ans, après quoi elles sont admises à
» faire le triple vœu d'obéissance, de pau-
» vreté et de chasteté ; mais les vœux expirent
» le 25 mars de chaque année ; elles peuvent
» les renouveler ou non, à volonté. Il n'y a
» pas d'exemple, je le crois, qu'une sœur,
» après le temps du noviciat, se soit retirée.

[1] L'auteur exagère un peu la pensée du saint fondateur.
Note de l'éditeur.)

» Saint Vincent est mort en 1660, mais son
» œuvre subsiste. Il avait appelé ses filles les
» *servantes du pauvre;* mais le pauvre qui
» a vu en action leur amour du prochain, les
» a nommées *sœurs de la Charité.*

  » De la France, où il est né, cet ordre ad-
» mirable, admirable surtout par son extrême
» simplicité, s'est répandu dans tous les pays.
» Le nombre des religeuses est de 11,000 [1].
» — Des dames de haute naissance, des prin-
» cesses même, ont renoncé à leurs richesses,
» à leur condition, pour entrer dans l'humble
» famille des filles de Saint-Vincent....

  » Tel est l'ordre religieux qui forçait l'in-
» fidèle Voltaire à s'écrier, que si quelque
» chose pouvait lui faire croire à la vérité du
» christianisme, ce serait le dévouement des
» sœurs de la Charité.

[1] Il est aujourd'hui de plus de 15,000. (*Note de l'éditeur.*)

» Pendant les temps de la révolution fran-
» çaise, et même sous le règne de la terreur,
» les sœurs eurent seules quelquefois le privi-
» lége d'être respectées de ces monstres à face
» humaine. Durant la guerre de la Pénin-
» sule, dans une ville alternativement prise
» et reprise par lés Français et les Espa-
» gnols, il y avait un couvent de sœurs de
» la Charité ; quelle que fut l'armée qui oc-
» cupât la ville, on posait des sentinelles à
» la porte du couvent; l'influence de la cha-
» rité triomphait même des cruautés de la
» guerre.

» La mission des sœurs à Constantinople
» a été fondée de la manière suivante : Il y a
» quinze ans environ, une dame allemande
» vint à Paris et demanda à entrer dans
» l'ordre. On reconnut qu'elle avait passé l'âge
» où l'on reçoit des novices, c'est-à-dire 28

» ou 30 ans. Cette dame se trouva fort désap-
» pointée, car c'était son désir le plus vif.
» Sur ses nouvelles instances, les supérieures
» consentirent à la recevoir, pourvu qu'elle
» voulût bien se soumettre à une épreuve.
» Elles avaient l'intention de fonder une mai-
» son à Constantinople : se chargerait-elle
» d'aller, avec une compagne, y établir une
» école, et ainsi de faire le premier pas ? Elle
» accepta volontiers.

» Il y a quinze ans, Constantinople ne
» ressemblait guère à ce qu'elle est aujour-
» d'hui... Assaillies de coups de pierres dans
» les rues, elles se trouvèrent exposées à bien
» des outrages.... tel fut d'abord le sort de ces
» saintes femmes. Elles persévérèrent néan-
» moins. Sœur Bernardine (car c'est d'elle
» qu'il s'agit) apprit le turc, fonda une école,
» des sœurs vinrent de France, et elle fut

» admise dans l'Ordre. Depuis cette époque ,
» leur dévouement leur a conquis le respect
» des musulmans.

   » Un jour un incendie éclata dans le voisi-
» nage de leur couvent, qui se trouvait ainsi
» en danger ; aussitôt des ordres furent donnés
» par les autorités turques pour qu'on s'oc-
» cupât de sauver le couvent, dût la moitié
» de la rue être compromise. Une autre fois
» une compagnie avait demandé l'autoritation
» de s'établir près du couvent ; mais l'établis-
» sement pouvait causer quelque inconvénient
» aux sœurs, et l'autorisation fut refusée. Telle
» est l'estime des musulmans pour les sœurs
» de la Charité.

   » Par contraste , voyons ce qui se passe
» dans un pays chrétien et éclairé , où une
» dizaine de ces religieuses posent le pied en
» passant , pour aller en Chine y trouver pro-

» bablement les tortures et la mort. Eh bien !
» dans la ville de Liverpool, les huées et les
» insultes ont été lancées à celles dont la vie a
» été la gloire de la chrétienté pendant deux
» siècles.

   » Aimable sœur Bernardine !.... Il m'est
» doux de penser à elle ; jamais nous ne nous
» rencontrerons plus ici-bas, jamais pourtant
» je n'oublierai cette figure angélique, ces ma-
» nières pleines de charme et de bonté où se
» révélait si clairement la source d'amour que
» renfermait son cœur. La tâche entreprise
» par les sœurs abrège leur vie ; plusieurs
» sont mortes de fatigue pendant cette
» guerre.....

   » Une dame qui avait demeuré au couvent,
» m'a raconté que jamais elle n'avait vu tant
» de paix au lit de la mort ; elles s'en allaient
» bien humblement, mais avec joie, vers

» Celui qu'elles avaient aimé et servi sur la
» terre ! »

Les sœurs de la Merci, religieuses anglaises
dont l'ordre a été fondé en 1831 par miss
Catherine Macaulay, partagent avec les sœurs
de la Charité toutes les sympathies de notre
auteur ; elle se plaît à répéter le bien qu'elles
exerçaient dans les hôpitaux et l'affection
qu'elles inspiraient aux soldats.

« Les pauvres soldats irlandais étaient sur-
» tout enchantés en voyant des religieuses :
« Ce sont nos sœurs, à nous , » disaient-ils de
» bon cœur.

» Je me souviens d'un soldat qui était ca-
» tholique romain : quand on l'apporta, il était
» si mal qu'il ne pouvait parler ni demander
» les secours temporels ou spirituels ; mais il
» regardait d'un œil animé la sœur qui le soi-
» gnait , et apercevant le crucifix suspendu à

» sa ceinture, il le saisit vivement de sa main
» mourante et le porta sur ses lèvres avec
» ferveur.

» L'esprit national des Irlandais se mani-
» festait d'une manière très-énergique : il y
» avait plaisir à voir leur respect et leur affec-
» tion pour leurs prêtres et leurs religieuses.
» Les infirmiers irlandais étaient heureux au
» delà de toute expression quand ils étaient
» désignés pour servir le chapelain catholique;
» rien ne valait pour eux le bonheur de faire
» quelque chose pour *sa révérence.* »

Au reste, l'influence des sœurs de la Merci
était énorme sur ces hommes. L'auteur rend
ce témoignage qui doit intéresser les catholiques , c'est qu'aucun membre de leur église
n'est sorti des hôpitaux de Koulali sans avoir
reçu les sacrements ; aucun n'est mort sans
les suprêmes consolations. C'est aux sœurs de

10

la Merci que les soldats de Crimée voulurent
annoncer les premiers la prise de Sébastopol.
Déjà quelques rumeurs commençaient à cir-
culer ; le canon des forts du détroit vint con-
firmer la nouvelle, et une lettre d'un sergent
adressée à la sœur Anne mit ce mémorable
événement hors de doute.

« Au camp devant Sébastopol, le 16 septembre 1855.

» Sœur Anne,

» *Sébastopol est pris !* l'ennemi est en
» pleine retraite ! la ville est en flammes
» depuis le 8.... Le 9, nous étions entière-
» ment maîtres de la partie nord. Je vous
» envoie un morceau de ruban russe que j'ai
» trouvé dans Sébastopol (car Français et
» Anglais étaient dès huit heures dans l'inté-
» rieur occupés à relever le butin). J'ai aussi

» quelques petits tableaux peints à l'huile,
» mais j'ai donné aux officiers du corps les
» objets de plus d'importance. Je n'ai jamais
» vu d'aussi beaux ameublements. Il est
» toutefois assez dangereux d'entrer dans les
» maisons qui sont toutes pleines de poudre ;
» peut-être tandis que nous serions à piller
» une maison, celle d'à côté se mettrait à
» sauter en l'air. Après tout, il n'y a pas
» grand dégât dans la ville. Espérant que la
» chute de cette terrible forteresse va finir
» la guerre et permettre aux soldats de re-
» tourner au pays voir les amis, désirs par-
» tagé par nous tous, officiers, soldats et
» marins ; espérant aussi que vous voudrez
» bien excuser ce griffonnage, je suis et reste
» votre très-obéissant serviteur.

» J. J. 28me régiment. »

» La grande nouvelle ranima les esprits
» de tous nos hommes, qui commençaient à
» croire qu'en dépit de ce qu'ils avaient
» fait et souffert... Sébastopol ne serait jamais
» pris. Ils illuminèrent l'hôpital aussi bien
» qu'il était possible, en plaçant d'innombra-
» bles morceaux de chandelles de suif sur les
» fenêtres et à tous les endroits imaginables;
» ils fabriquèrent des chandeliers avec du
» savon commun, naïve invention qui nous
» fit beaucoup rire.

» En même temps il y eut de grandes illu-
» minations tout le long du Bosphore, et de
» beaux feux d'artifice; les navires se pavoi-
» sèrent gaîment de leurs pavillons, et l'on
» entendait de formidables détonations d'ar-
» tillerie.

» Le soir, les soldats firent, hors de l'hô-
» pital, un feu de joie, qu'ils alimentèrent avec

» tout ce qui leur tomba sous la main, vieilles
» malles, boîtes, caisses, bois à brûler, plan-
» ches, et enfin une charrette appartenant à
» un Grec et qui se trouvait près de là : ils
» la prirent et la jetèrent d'abord dans le Bos-
» phore pour voir si elle surnagerait ; ensuite
» ils la retirèrent, et au milieu des éclats de
» rires, ils la lancèrent dans le feu ; puis ils
» dansèrent en rond autour du brasier, et se
» mirent à chanter des chants de guerre et de
» victoire, ainsi que le *God save the queen !*
» Le commandant et tous les officiers assis-
» taient à cette réjouissance que leur présence
» animait et sanctionnait. Nous aussi nous
» regardions tout cela à distance, entourées
» de toute la troupe des infirmières qui s'as-
» sociait pleinement à l'entrain de cette
» scène.

» Nous ne pouvions nous empêcher, pen-

» dant que nous écoutions les cris d'allégresse
» qui saluaient un si glorieux succès, nous
» ne pouvions nous empêcher de songer à tant
» de cœurs que cette nouvelle allait frapper de
» tristesse en Angleterre! Hélas! avec quelle
» horrible incertitude tant de mères, de
» sœurs, d'épouses et d'amis allaient attendre
» les listes des morts et des blessés ! Pour com-
» bien la chute de Sébastopol allait être un
» sujet de douleur, un coup mortel porté à
» leur bonheur sur la terre! Sans doute, leurs
» bien-aimés avaient glorieusement succombé
» au champ de l'honneur et de la victoire;
» mais enfin la mort sur le champ de bataille
» ou dans une chambre silencieuse, c'est tou-
» jours la mort! et en regardant les brillantes
» illuminations qui éclairaient ce soir-là les
» rives du Bosphore, en entendant les *hurrahs*
» répétés, nous pensions tristement à ceux

» qui pleureraient le lendemain en Angle-
» terre. »

La probabilité d'une paix prochaine, l'éva-
cuation d'une partie des malades, et le retour
des troupes dans la patrie, rendirent, au bout
de quelques mois, les services des dames et
des religieuses moins nécessaires; bientôt elles
se disposèrent à quitter l'Orient, et l'auteur
nous fait assister aux adieux touchants qui
accompagnaient les sœurs de la Charité et
celles de la Merci lorsqu'elles s'embarquaient
pour l'Angleterre ou l'Irlande. Les mêmes
démonstrations les attendaient à leur débar-
quement.

« Elles furent obligées de revenir sans
» faire connaître le jour de leur arrivée, afin
» d'éviter les manifestations que les enfants de
» la verte Erin, au cœur chaleureux, leur au-
» raient réservées. Malgré cela, aussitôt que

» leur retour fut connu, des feux de joie
» furent allumés, et pendant plusieurs jours
» des acclamations joyeuses retentirent en leur
» honneur. Le peuple irlandais soupçonnait
» (à tort ou à raison) que les sœurs ne ren-
» contreraient pas les mêmes sentiments de
» gratitude en Angleterre, quoiqu'elles eussent
» souffert et travaillé aussi bien pour les fils
» de la Grande-Bretagne que pour ceux de
» l'Irlande, et que dans les banquets commé-
» moratifs de la guerre de Crimée, tous les
» noms seraient rappelés avec honneur, excepté
» ceux des sœurs de la Merci. Aussi les Irlan-
» dais leur faisaient-ils un accueil de bien-
» veillance doublement cordial. »

Néanmoins l'auteur cite avec plaisir les
lettres des chefs militaires, de sir John Hall,
inspecteur-général des hôpitaux, de sir Will.
Codrington, dans lesquelles se montre l'es-

time la mieux sentie pour ces anges de la charité.

Le gouvernement lui-même leur exprima son approbation. Lord Panmure voulut « que » les sœurs fussent assurées de sa satisfaction » pour l'œuvre qu'elles avaient remplie avec » tant de zèle et de dévoûment. » Et Sa Seigneurie désirait qu'on leur transmît l'expression de ses remercîments et de sa reconnaissance « pour les services qu'elles avaient » rendus aux malades et aux blessés de l'armée d'Orient. Mais le plus doux témoignage » pour elles fut l'affectoin que leur montraient les soldats revenus de la guerre ; ils » saisissaient toutes les occasions de leur faire » voir qu'ils n'avaient pas oublié leurs chères » amies. Le caporal Brazil, apprenant leur » arrivée à Carlow, leur écrivait ce qui » suit :

11

« Sœur A***,

» J'ai reçu votre bonne lettre. Je suis bien
» heureux d'apprendre que vous et la sœur
» S*** et toutes vos sœurs en religion êtes en
» bonne santé à la date de vos lettres. Dieu
» soit béni pour toutes ses bontés envers vous,
» ma sœur ! J'espère que je pourrai aller voir
» l'heureux couvent de Carlow avant de quit-
» ter l'Irlande.... Je vous remercie tendre-
» ment de toutes vos bontés. Je compte que
» la récompense vous est réservée dans le ciel,
» à vous et aux autres chères sœurs qui ont
» servi Dieu, et qui, avec son aide, ont pré-
» servé la vie de tant de pauvres soldats, quand
» ils étaient loin de leurs amis, sur une terre
» étrangère. Nos humbles sœurs apportaient
» un sourire céleste et l'esprit de Dieu, dans
» les murs de l'hôpital, aux cœurs brisés de ces

» braves gens.... Je vous remercie donc de
» votre charité, sœur A***; il m'est impos-
» sible de l'oublier. Que le Seigneur vous ré-
» compense de votre affection, de votre dé-
» voûment pour moi.

» Je n'ai rien de plus à vous marquer, mais
» je suis toujours votre fidèle serviteur.

» Caporal James Brazil. »

Notre auteur termine par les réflexions
les mieux senties sur l'esprit d'abnégation et
de sacrifice qui dirige ces saintes filles dans
leur mission sublime.

« Maintenant, dit-elle, de retour dans la
» patrie, elles reprennent leurs travaux; elles
» s'emploient de nouveau à servir le pauvre
» sous une autre forme que dans les hôpitaux
» militaires, et elles vont tranquillement leur
» chemin, agissant seulement pour la gloire

» de Dieu, et ne songeant qu'à l'infaillible
» récompense promise par le Père céleste, à
» l'œil de qui rien n'est caché, et qui voit
» au fond des cœurs. »

Il est impossible d'exprimer avec plus de
sens et d'impartialité l'avantage qu'offrent les
congrégations religieuses pour les œuvres charitables et en particulier pour les hôpitaux ;
l'expérience l'a démontré d'une manière vic-
torieuse.

« On ne peut s'empêcher d'avouer la supé-
» riorité des sœurs catholiques sur toutes les
» autres espèces de gardes-malades engagées
» pour l'Orient. Les statistiques suffiraient
» pour mettre ce fait en évidence ; mais il a
» été de plus reconnu par tout le monde,
» par des gens de toute croyance et de toute
» opinion...

» Pour les sœurs de la Merci, le service des

» malades et des hommes qui souffrent n'est
» pas une chose entreprise dans un moment
» d'enthousiasme irréfléchi ; vivre pour le
» pauvre est un dessein nourri durant longues
» années dans le cœur de chacune d'elles ; elles
» s'y préparent par un noviciat de deux ans et
» demi, et pendant cet intervalle elles mettent
» leur bonheur à apprendre tout ce qu'elles
» auront ensuite à faire, à diriger, à en-
» seigner. De là l'unité parfaite qui se remar-
» que dans leurs œuvres, et la facilité pour
» chacune de reprendre le travail interrompu
» par une autre.

    » La plupart des dames volontaires n'a-
» vaient aucune expérience pour le service des
» pauvres et des malades, et celles qui avaient
» l'expérience s'en tenaient à leur propre
» méthode personnelle et ne s'en écartaient
» pas....

» Les religieuses, d'ailleurs, ne se trou-
» vaient pas subitement placées dans une
» situation nouvelle et inconnue, incapables
» de comprendre l'embarras des personnes
» qui devaient travailler sous leur direc-
» tion ; car avant d'être appelées à com-
» mander, elles ont appris à obéir ; et
» quelque disposition naturelle qu'elles eus-
» sent pour gouverner, pour organiser la
» besogne, sans l'habitude acquise depuis
» longtemps, elles n'auraient jamais pré-
» senté à un si haut degré ce fait observé
» dans la communauté des sœurs de la
» Merci, que les actes de l'une sont les actes
» de toutes.

» Personne ne regrettait plus que nos
» surintendantes elles - mêmes ce manque
» d'expérience préalable, c'est - à - dire de
» n'avoir pas pratiqué à l'avance les fonctions

» de garde-malade, avant d'être appelées à
» diriger un pareil service.

» La santé des sœurs, formées par leurs
» vœux à une vie dure, résistait aux coups qui
» abattaient nos dames volontaires, et elles
» pouvaient continuer les efforts de travail
» que ces dernières étaient incapables de sou-
» tenir. »

Si les dames volontaires étaient au-dessous
de leur tâche, combien, à plus forte raison,
les infirmières soldées ! L'auteur, en finissant,
rappelle avec amertume les plaintes et les
scandales auxquels celles-ci ont souvent donné
lieu; et elle ne craint pas, malgré quelques timides réserves, de conclure à l'impossibilité d'employer les femmes dans les
hôpitaux militaires, à moins que ces femmes
ne soient des vierges du Seigneur. Voilà comment le livre que nous analysons est véritable-

ment une glorification des œuvres charitables du catholicisme.

Il est aussi l'une des plus complètes révélations des trésors de compassion et de bonté cachés dans le cœur d'une femme ; c'est par là qu'il nous charme et nous intéresse. Une Anglaise qui, par son style, son instruction, ses manières, appartient évidemment à une classe distinguée de la société, a voulu travailler de ses propres mains au soulagement de la misère ; elle a rompu avec les préjugés et l'esprit d'exclusivisme de son pays ; elle a franchi courageusement les barrières qui séparent si nettement les diverses conditions sociales ; elle a été héroïque, mais elle a gardé l'anonyme. Elle a fait, sans se nommer, de ces œuvres dont les âmes vulgaires aiment à se vanter pour gagner l'estime des hommes, oubliant qu'une charité publiée perd tout son prix ; c'est comme une fleur délicate née à l'ombre et qu'on passe subitement au plein soleil : cette fleur se flétrit et se dessèche.

Mais si le nom de cette noble amie des pauvres est ignorée du monde, nous savons qu'il est écrit quelque part où il ne s'effacera pas, et dans ce livre où il y a un compte ouvert pour toutes les œuvres bonnes ou mauvaises. En s'abaissant, que dis-je, en s'élevant au rôle de servante du pauvre, elle a déjà ce trait de ressemblance avec les filles de Saint-Vincent de Paul qu'elle admire si justement, et elle mérite bien de devenir un jour une de leurs sœurs.

Non contente d'avoir dépensé son dévouement et ses forces sur la terre musulmane, elle veut encore, cette besogne terminée,

employer le zèle qui la brûle au service
des malheureux en Angleterre ; c'est la dernière préoccupation qu'elle exprime dans son
livre. Elle jette un regard douloureux sur
l'état des maisons hospitalières de sa patrie,
et elle appelle des réformes immédiates. Nous
terminerons, comme elle, par ces pages à la
fois si sensées et si tristes...

« Telle a été l'expérience tentée en Orient
» pour l'œuvre des infirmières ; et cette rela-
» tion devrait être étudiée par les personnes
» qui pensent avec intérêt au besoin qu'on
» ressent aujourd'hui d'une organisation con-
» venable des gardes-malades pour les pauvres.
» Bien des années avant qu'on ne songeât à
» la guerre avec la Russie, l'état déplorable
» du service hospitalier était un thème ordi-
» naire ; des signes nombreux montrèrent
» qu'on s'éveillait comme d'un lourd sommeil,

» et qu'on ressentait le besoin de quelque
» noble et grande création destinée à secourir
» les pauvres.

» Nous avons visité nos hôpitaux, nous
» avons vu que nous pouvions avec raison nous
» enorgueillir de leur condition matérielle : de
» vastes salles, de la propreté, une bonne
» ventilation, une nourriture saine, les soins
» des meilleurs médecins, des remèdes de
» toute sorte sans avoir égard à la dépense, de
» l'ordre et de la régularité, la libre admis-
» sion des amis à des heures fixées ; tout cela,
» le pauvre est à même de l'avoir en Angle-
» terre. Mais il y a une ombre au tableau !
» c'est qu'à côté des docteurs la conduite de
» l'hôpital est entre les mains des infirmières,
» et il n'est pas besoin d'en dire davantage à
» quiconque connaît cette classe de femmes.
» Il est avéré par tous ceux qui ont étudié

» consciencieusement cette matière, que les
» meilleures gardes-malades, en ce qui
» regarde le service médical et l'habileté,
» sont aussi les pires sous le rapport du
» caractère.

« Si, disait un médecin dans un des
» grands hôpitaux du Nord, il m'était possible
» d'en avoir qui fussent sobres, c'est tout
» ce que je pourrais désirer. » D'effroyables
» traits de scélératesse parmi les infirmières
» ont été mis en lumière par enquête. Les
» souffrances des malades sont trop souvent
» aggravées par les traitements rudes, les
» dures paroles, et l'absence de cette tendre
» sympathie qu'ils auraient trouvée dans leur
» maison. Assurément cela ressort à l'évi-
» dence de ce qui s'est passé en Orient ; si l'on
» n'avait pas d'autre preuve à fournir, nous
» pourrions y suppléer.

» Beaucoup de ceux qui liront ces lignes
» n'ont peut-être jamais été dans les murs
» d'un hôpital ; un plus grand nombre, s'ils
» y sont allés, ont fait leur visite à un moment
» fixé, alors que tout paraît admirable. Mais
» d'autres, comme moi, ont puisé leur expé-
» rience de ce qui se passe à des sources plus
» authentiques ; nous avons vécu dans les
» salles d'hôpital, afin de nous y préparer
» d'abord au servicce de pauvres en Angle-
» terre, ensuite, à l'œuvre qui nous attendait
» en Orient.

» Nous nous y plaçâmes sous la direction des
» infirmières, recevant d'elles nos instruc-
» tions ; et n'ayant aucune autorité sur elles,
» nous fûmes admises de reste aux scènes de
» la vie d'hôpital ; et ce que nous vîmes alors
» de désobéissance aux prescriptions des mé-
» decins, de cruauté envers les patients, rem-

» plirait des pages entières, et les lecteurs
» en frissonneraient! Ils frissonneraient,
» comme cela nous arrivait souvent, quand
» nous voyions de petits innocents amenés à
» l'hôpital et exposés à cette atmosphère vi-
» cieuse! On entendait en une heure, dans
» un hôpital de Londres, plus de vilaines
» choses que dans un hôpital militaire pen-
» dant plusieurs mois.

» Toutefois, on peut dire en faveur des
» infirmières que la besogne n'est pas légère.
» Le fondateur des sœurs de Charité a pensé
» que la nécessité de soigner toutes les dé-
» goûtantes infirmités de l'espèce humaine
» devait exempter ses filles des austérités
» auxquelles sont obligées les autres com-
» munautés religieuses.

» En effet, ce n'est pas une tâche aisée de
» supporter avec patience l'humeur chagrine

» des malades ; d'écouter avec intérêt leurs

» plaintes interminables, et de dire de douces

» paroles lorsqu'on a le corps et l'esprit égale-

» ment harassés ; de rester là près du pauvre

» patient au moment où va se pratiquer une

» terrible opération ; de conserver un air de

» gaîté quand on n'entend d'autre bruit que

» les gémissements, que le râle de l'agonie, au

» milieu d'une atmosphère imprégnée de souf-

» france ; de se montrer rigoureux dans l'exé-

» cution des ordonnances du docteur, même

» lorsque ces ordonnances sont une torture

» pour le malade ; d'être en même temps

» toujours très-disposé et prêt à se sacrifier

» pour le bien-être du malade lui-même, en

» veillant avec soin à ce que l'habitude d'en-

» tendre et de voir la douleur n'engendre pas

» la dureté qui peut se glisser même dans les

» cœurs les plus tendres ; et c'est là une des

» causes principales de la cruauté et de la
'» négligence qui distinguent les infirmières
» d'hôpital. Une bonne garde-malade doit ac-
» cueillir tout nouveau sujet qu'on lui amène
» comme si c'était le premier qu'elle eût à
» soigner. Tout cela, et plus encore, voilà
» le lot d'une garde-malade. En faut–il da-
» vantage pour conclure que des infirmières
» payées sont incapables de remplir un pareil
» rôle?

» Alors se présente cette question : Qui
» peut le remplir ?

» L'emploi des dames à ce genre de travail
» a été fortement recommandé; les remarques
» qu'ont soulevées les œuvres de ces dames en
» Orient peuvent trouver ici leur application,
» et convaincront, je le pense, que ce sys-
» tème ne présente aucune garantie de stabi-
» bilité ; c'est une œuvre qui ne peut être bien

» accomplie par des dames ayant chez elles
» d'autres liens et d'autres devoirs : elle n'est
» réalisable que par des femmes qui se sou-
» mettent à de longues années de noviciat et
» qui peuvent renoncer aux avantages du
» monde pour le service des affligés ; qui
» savent faire le sacrifice quotidien de leur
» volonté et de leur corps, et qui, dans cette
» offrande d'elles-mêmes, trouvent leur joie
» et leur consolation ; par des femmes enfin
» dont le seul désir est de suivre les traces de
» Celui qui est venu non pour être servi,
» mais pour servir.

    » On aurait tort de conclure de ce que je
» viens de dire que, parce qu'on ne peut
» pas avoir la perfection, il ne faut rien es-
» pérer du tout. On pourrait beaucoup faire
» dans nos hôpitaux, même en prenant leur
» état actuel. Par exemple, rendre plus con-

» venable le *ton* des gardes-malades, orga-
» niser un système de dames visiteuses ; et
» quoique ce système doive présenter toujours
» des inconvénients et des imperfections,
» exciter même le découragement à cause de
» son insuffisance par rapport à l'importance
» de l'œuvre qu'il s'agit d'accomplir, ce
» serait cependant un pas dans la bonne
» voie.

» Oh ! s'il pouvait s'élever une parole assez
» éloquente pour plaider la cause des pauvres
» en Angleterre et particulièrement des pau-
» vres de Londres, réveiller dans ceux qui
» administrent les hôpitaux l'intelligence de
» leurs besoins et de leurs vices, faire naître
» en nous tous l'esprit d'union et de charité !
» Si nous pouvions nous aider mutuelle-
» ment à secourir les malheureux en leur
» prodiguant non-seulement l'aumône des

» biens terrestres, mais aussi l'aumône de
» ces paroles et de ces œuvres qui leur font
» comprendre et sentir que nous avons tous
» une même espérance, un même but, un
» même Maître ! »

—◁ FIN ▷—

A LA MÊME LIBRAIRIE

volumes in - 12.

FERNAND CORTEZ, ou la Conquête du Mexique.

FÊTES (les) CHRÉTIENNES; récits offerts aux j. personnes.

FILLE (la) DU PROSCRIT, par l'aut. du *Château de Bois-le-Brun*.

GRANDE-CHARTREUSE (la) par le vicomte Eug. de R.

HENRI IV jugé par ses actes, par ses paroles et par ses écrits.

HISTOIRE DE JEAN BART, par Maxime de Mont-Rond.

HISTOIRE DU MARÉCHAL DE VILLARS.

LES DUBOURG, suivis du Sourd-muet, etc.

MAISON (la) DU DIMANCHE.

MAISON (la) DU LUNDI.

MAITRE MATHURIN; entretiens entre un officier et un jardinier.

MANUSCRIT (le) DE RAOUL, par l'aut. de la *Fille du Proscrit*.

MARIE; scènes et principaux traits de sa vie divine.

MÉDECIN (le) CHRÉTIEN; Vie de M. Lecreps.

MODÈLE des jeunes personnes : Thérèse du Bois-Anger, etc.

NOUVEAUX DRAMES SACRÉS.

PÉDRO, par l'auteur de *Bruno*.

PETERS; épisode d'un voyage en Suisse. 3e édition.

PLANCHE (la) DE SALUT. 3ᵉ édition.

PRÉSENT (le) PLUS AGRÉABLE AU CIEL.

PRIX (le) DE LA VIE; suivi de plusieurs nouvelles.

RELIGION (la), poëme, par Louis Racine.

SAINT BENOIT et les Ordres religieux qu'il a fondés.

SAINT FERDINAND, roi de Castille et de Léon.

SAINT PIERRE, prince des apôtres.

SAINT VAAST, suivi d'une notice sur s. Omer et s. Bertin.

SAINTE ADÉLAIDE, impératrice d'Allemagne. 3e édition.

SAINTE HÉLÈNE et son siècle, ou le Triomphe de la Croix.

SIÉGE (le) DE SÉBASTOPOL. 2e édition.

SILVIO PELLICO ; sa vie et sa mort. 2e édition.

SŒURS (les) DE CHARITÉ EN ORIENT.

SOIRÉES (les) DE LA FAMILLE.

SOUVENIRS DE L'ARMÉE D'ORIENT.

UNE HÉROINE CHRÉTIENNE : Anne Félicité des Nétumières.

UNE JOURNÉE bénie de Dieu. P. H. B. V.

UNE RÉUNION DE FAMILLE, suivi des *Trois Héritiers*.

VEILLÉES (les) DU COTEAU.

VERTU ET PIÉTÉ, ou Jeanne et Isabelle de Portugal, etc., etc.

VERTUS (les) MILITAIRES.

VIE du Bienheureux PAUL DE LA CROIX.

—◦◦◈◦—

LILLE. — TYP. L. LEFORT. 1860.